パワハラ・セクハラとキリスト教会
――権威とその乱用

ダイアン・ラングバーグ［著］ 前島常郎［訳］

Redeeming Power
Understanding Authorityand Abuse in the Church
by Diane Langberg

YOBEL,Inc.

Originally published in English under the title
Redeeming Power
by Brazos Press,
a division of Baker Publishing Group,
Grand Rapids, Michigan, 49516, U.S.A.

推薦のことば

ラングバーグ氏は預言者エレミヤのような鋭さとエステルの勇気をもって、指導者たちに真正面から権威についての真理を臆さずに語る。これはすべての指導者が知る必要がありながら、多くは避けて通りたくなるような困難な真理だ。弱い者を守ってやまない著者は、犠牲者と加害者双方の痛みを聞きつつ、神のみ心を求めて長年努力した。加害者の中には、自らの言動が何をもたらすのかが分からない人もいる。癒やしを求めるすべての人々に、また権威がどう乱用され、どうしたら善用されるのかを知ろうとするすべての人々に私は本書を勧めたい。

ロバート・L・ブリッグス　（アメリカ聖書協会会長）

本書は、個人や組織や国が、自らの招いた不均衡と不正を客観的に見て、目を覚まし、悔い改め、神の国を求めるよう、愛と洞察をもって励ます。このような挑戦的で命を救うようなことばを必要としている時があったとしたら、それは今である。ラングバーグ氏を選び用いられた神に感謝する！

ジーン・L・アラート　（ザ・サマリタン・ウィメン　創立者）

一読して心を打たれ、深く教えられ、また力ある王・しもべ・癒やし主を指し示された。主は愛のゆえにご自分を空しくし善をもって悪に打ち勝たれた。本書には神の霊の力が宿り、揺るぎない神学に立っており、嘘偽りのない現実を反映している。権威は人類の繁栄という本来の目的のためにこそ用いられねばならない。

ロナルド・A・マシューズ　（イースタン大学学長）

しきりに人に勧めたくなる重要な価値ある内容の本に出会うことが時にあるが、『パワハラ・セクハラとキリスト教会』は、その種の本である。私たちが自らを欺いたり人から欺かれて、見過ごし、無視し、または巧みに言い逃れてしまいがちな真理を、ラングバーグ氏は正しく理解させてくれる。権威の乱用によって混乱させられた組織や個人の心に当てられた一筋の光である。読者は真理を見出し、解放と癒やしを経験するに違いない。

ウェイド・マレン（キャピタル神学校・大学院）

ラングバーグ氏は、本書の執筆によりすばらしい奉仕をされた。権威をどのように理解し用いるかについて、現代の教会は切実に導きを待ち望んでいる。権威とは何か、これをどう用いるべきかを教会が正しく把握しないことの結果は、看過できない。教会内で霊的な虐待と人種間のトラウマの両方を受けた人々をケアする現場で、私はそれを日々体験している。本書は内容が深く読みやすく、教えられまた癒やされる。すべての人に心から勧めたい。

カイル・J・ハワード（ソウルケア・プロバイダー）

私の仕事でもっとも困難な一面は、特に安心安全なはずの教会や家庭で人が互いに与え合う痛みや苦しみを見ることである。ラングバーグ博士は、個人的な虐待や組織的な虐待から人が回復するプロセスを何十年もの間つぶさに見てきた。情緒的・性的・肉体的・人種的なトラウマの被害者を援助する人にとって、これは必読の書である。

マイケル・R・ライルズ（精神科医）

重厚で今こそ必要とされる本書で、ラングバーグ博士はしばしば無視されたり忘れられたりしがちな権威というテーマを扱っている。人間として私たちには、力を善用して人に仕えるか、もしくは悪用して人を抑圧するかの選択肢がある。これは、重要な所に線を引きつつ読むべき本だ。愛に富み経験豊かなセラピストとして、博士は痛みを伴う真理を明らかに示し、また愛をもって癒やしをもたらしてくれる。

ジェマー・ティスビー（ニューヨーク・タイムズ　ベストセラー作家）

堅苦しいことばや専門用語はまったく使われていない。不敬虔な用い方をされた権威に深く傷つけられた人々の立場に立って、昔の預言者のごとく公正への呼びかけをするラングバーグ氏の心は、熱く燃えている。見る目と聞く耳のある者にとって、聖書的な真理と洞察と知恵と確信とに溢れた書である。

ケイ・ウォレン（サドルバック教会　共同創立者）

父ウィリアム・F・マント、
義父サイモン・ラングバーグ、
夫ロナルド・ラングバーグ、
そして2人の息子ジョシュア・ラングバーグ、
ダニエル・ラングバーグに愛と感謝をささげる。
無限の寛容と高潔さをもって権威を正しく用いた人たちである。

聖書は断りのない限り新改訳聖書2017の引用
だが、著者の主張に添った付加や言い換えもある。

目次

はじめに

何十年も前ですが、私が初めて性的虐待*の被害者に出会った時は戸惑いました。そのようなことが起きていたとは夢にも思わず、体験したことも読んだこともなく、2つの学位を得た大学院でも聞いたこともなく、教会でもとりあってくれませんでした。それでも私は、誰にも信じてもらえず当然の権利を奪われた方々の話に耳を傾けようと決心しました。それも神の恵みだったのでしょう。私自身が変えられ、人生の方向が決まりました。

クリスチャン心理学者としての47年間の学びの過程は長く険しい道のりでした。まず私は、性的虐待や家庭内暴力が何世代も激しく続いた家庭について学びました。そしてトラウマ（心的外傷）・暴力・レイプ・戦争被害者の話を聞きました。虐殺され、抑圧され、

＊　セクシャル・アビューズの訳。本書には「性的いやがらせ」を意味するセクシャル・ハラスメント（セクハラ）も出てくるが、大半は日米ともに犯罪行為に該当する性的虐待を取り扱う。

奴隷にされた民族についても学びました。ペンシルバニア州の私のオフィスから始まり、これらの壊滅的経験に耳を傾けた場所は六大陸にまでわたりました。アウシュビッツ、ルワンダ、南アフリカ、コンゴ、カンボジアの死の収容所、遺骨に満ちた教会、筆舌に尽くせない貧困地域、暴力的レイプの被害者、そしてポルポト政権下のカンボジアのキリングフィールドなどで、神が造られた人間であるというだけの理由で殺戮が行われた現場で生存者の話を聞きました。

また私は、美しい贖《あがな》いの愛・勇気・寛容などの実例を目撃し、この世界からゴミのように扱われた人々からことばに尽くせない祝福を受けました。そして、息子と孫たち・同僚・来訪者・あらゆる聴衆そして世界中の教会にその祝福をお伝えしてきました。

トラウマの世界への私の旅路は、勇気をもって少しずつ話してくれた1人の虐待被害者との出会いから始まりました。分からないことは質問し、注意深く耳を傾けました。彼女の生徒になり、神に創造された心に傷を持つ人間・神の作品である多くの被害者から学びました。来訪者と膝を突き合わせて、「あなたの体験を私に教えてください」と尋ね学んだのです。その過程で知ったことは、虐待はクリスチャンキャンプ場・学校・スポーツの現場にまで及ぶこと、そして少年や成人男性も被害にあうことです。

来訪者には、牧師・宣教師・キリスト教指導者もいました。鬱《うつ》と不安にさいなまれ、自分の役割に悩み、人々が重荷に感じていることに苦しんでいました。燃え尽き症状の人も多くいました。そして、ある日、クリスチャン指導者もケアすべき対象を虐待していることを知り、私は混乱し、耳を疑いました。嘘であってほしかったし、理解できませんでした。家族の中に起きていたことが、神の家族の中でも起きることを知ったのです。

権威と欺瞞《ぎまん》と虐待とがからみあっている事実に徐々に気づき始めたのです。人に高く評価され、敬虔であると見られていた人々が、実は神にふさわしくないことを行い、事実を隠すために自他ともに欺いていました。時が経つと虐待が組織全体に及んでいることに気づきました。神の民が、神に似つかわしくない行いを犯しました隠すことにより、神の名を「守る」ために一致することもあることを発見し、当時は聞いたこともなかった組織的虐待の構図が見え始めました。神の民が神の心を痛めていたのです。嘆き、憤り、嘘であったらと願い、正直この働きを投げ出したくなりました。「聖堂」という看板が掲げられている下水道の中で、自分が泳いでいるかのように感じる時もありました。参考になるものは手当たり次第に読みました。教会史、ホロコーストに関することをはじめ、その他の大量虐殺についての資料、預言書、特にエレミヤ書を何度も読み返しました。福音書にも没頭しました。虐待の組織的性格が少しずつはっきりと見え始めました。いまも学びは続いています。

本書はその結実です。神はご自分の苦しみの中に私たちを招かれます。本来、足を踏み入れたいところではありません。まさに汚水です。しかしそこに踏み入ることで、私が知ったすべてのことをイエスも忍耐しておられたことを知りました。当初、私はこの問題に無知で、反発もし、恐れもしましたが、そこで立ち止まってしまい、イエスが見ておられることから目をそらすなら、主ご自身を見失います。「ことばは人となって、私たちの間に住まわれた」（ヨハネ1章14節）。そのことの意味をわずかながら知る機会でした。イエスはそこでインマヌエル（私たちとともにおられる神）となりました。神とはどのようなお方であるか、そして神が本当に私たちとともにおられることを人々が知るために、私たちもご自身に倣《なら》うようにキリストは招いています。

聖書には「イエスは…を見て」と書かれた箇所が多いのに気づきました。マタイによれば、イエスは、すべての町や村を巡って、「群衆を見て深くあわれまれた。彼らが羊飼いのいない羊の群れのように、弱り果て（ハラスメントをされて）倒れていたからである」（マタイ9章36節）

主イエスは、今もご覧になり、私たちにもご自身と共に立ち、目を開き、羊飼いや、世話をする者や、慰める者がない大切な羊の、痛みと悲しみと傷と嘆きを感じるよう願われます。

今日のキリスト教界の多くは、イエスが見ておられるものを見ることや、ましてそこへ入ることにではなく、権力を得ることの方に関心があるようです。私たちは名声、お金、地位、名誉、そして自らの小さな「王国」を手にしました。私たちの主のみ姿とはかけ離れたキリスト教指導者やキリスト教組織についてのニュースがあまりにも多く、行くべき道を見失っているのではないでしょうか。主の名をいただいている私たちがここで立ち止まり、私たちの王に耳を傾けるときなのではありませんか。この方はあわれみ深く、羊を養い包みたいと願っておられるまことの羊飼いです。

　喜んで耳を傾け、共に涙してくださる神に私たちは従っています。それはイエスの生涯から明らかです。神の子が肉体をとられたことは、神のあわれみと傾聴の最高の表現ではないでしょうか。イエスは天から下り、私たちの中にテントを張りました。言わばバーチャル難民キャンプです。人の飲む水を飲み、人の仕事をし、喪失を体験し、ともに笑い、人の嘆きを共に嘆いてくださいました。私たちもそのように聴くことを学ぶ必要があります。イエスはあなたの人生がどういうものかをご存知です。

　主はあなたに、主ご自身に耳を傾けていただき知っていただく、という贈り物をくださったのですから、今度はあなたが人に与える番です。主は私たちが主ご自身と共に歩み、悩む人、搾取された人、暴力にさらされ翻弄《ほんろう》された人を気遣う者となることを願われます。主ご自身の愛の目と鋭敏な耳をもって、共に働き、主ご自身がそうされたように共にいてほしいのです。

　想像することさえできなかった場所に私は導かれましたが、偉大な牧者から学ぶことができたことは特権でした。神の作品である大切な人々の中に、邪悪、暗闇、絶望を見てきました。私自身確かに多くの間違いもしましたが、臨在の神が、愛し、教え、人の心を動かし、救われるのも目撃しました。私の祈りは、権威とは何か、また人がその用い方を間違うとどのような結果になるかをわかってもらい、神の光に照らされることです。同時に、御座に着いておられる方、本来私たちが負うべき傷を負ってくださっている方の前にひれ伏し、偉大で良い羊飼いから、主の愛される羊をどのように守り養い、また避け所になるのかを学ぶことです。安易な旅路ではありませんが、主は共に働かれるでしょう。祝福を伝える器としてあなたを必ず用いられ、その働きを用いてあなた自身をご自身に似た者に変えてくださいます。

本書が、権威とその乱用の事実を読者に紹介し、機能不全に陥ったキリスト教の権威体制によって見捨てられた人々を守り擁護するための一助となるならば幸いです。

虐待被害当事者には、本書により、ありのままの自分を見つめ、自分が守られ信じられたと感じ、慰められるように祈ります。神の聖所であるはずの場で権威が乱用され、教会を去った方もいるでしょう。もし教会を、安全ではなく危険な所と思われたならば、それは悲しいことですが、教会はしばしばイエスのみ姿に倣《なら》うことができず、イエスについて偽りを語ることもあると知ってください。教会であれ非営利団体であれ、あなたが指導的立場にいるなら、意識的無意識的を問わず、地位や立場に伴う様々な権威を理解されるよう祈ります。もし人を傷つけるような力の用い方をしてしまったなら、あなたの代わりに低くなられたお方の御座の前で頭を垂れ、加害についての事実を認め、また他の人にも真実を告げてください。人の栄誉よりも真実と神の恵みを願うことができますように。

キリストのからだが本来の働きから離れて、キリストとその招きに背を向けてきたことは悲しいことです。権威が乱用されるとき、それを見分け、白黒をはっきりさせることを私たちがともに学べますように。私たちは確かに多くのものを失い、傷つけました。神のみ心を痛めました。私たちがこれらの問題について、熱心に主ご自身を求めることができますように。神は忍耐深いお方です。

第一部

権威とは何か

PART 1

Power Defined

第1章　権威の源と目的

クリスチャン心理学者としての仕事において、権威の源と権威の本来の目的は決しておろそかにできない課題です。権威や力は祝福の源にもなりますが、これがキリストの名の下に乱用されると、しばしばキリストのからだと御名とに言い表せないほどのダメージを与えます。主のからだとすばらしい名のゆえに、私たちは権威・力という問題と取り組み、これが使いようによって癒しにも害にもなり、善にも悪にもなることを理解する必要があります。権威とは何か、その源、そして権威が私たち全員にどう影響するのかを学ぶことにしましょう。私たちのうちでもっとも弱い者にも何らかの力がありまます。それをどう使いこなすかが影響力を決めます。

サラは、生後たったの４日の小さな弱々しい赤ちゃんです。自分についてもこの世についても何一つ知りません。まだ口もきけません。自由に動き回ることもできません。しかし、何か不快を感じます。それが何か、またなぜか、この不快感をどうしたらいいのかも分かりません。ひとり暗闇の中で泣くのみです。でも、彼女には力があります。二人の疲れ果てた大人が、快適なベッドの眠りから起こされて、声のするほうに素早く歩きます。ことばを話せる二人の大人の目を覚まさせました。二人は自分のすべきことも赤ちゃんの要求も知り、しかるべき方向に体を動かせます。自分の気持ちやもっと寝ていたいという思いは差し置いて、嬰児《えいじ》の泣き声の意味を知り、応答します。起き上がり、子どもをあやし、愛情深くミルクをあげます。サラに比べると、大人はとてつもない力を持ち、その力を使って赤ちゃんのためになることを行います。

力を意味する英語「パワー」の語源は、ラテン語の「ポッセ（できる）」で、「何かをする能力を持っている、行動し結果を残せる、人や出来事に影響する、権威を持つ」などの意味があります。また「征服する、支配する、従わせる、強制的にさせる」などのよりきびしい意味もあります。この世界で神のかたちを持っているだけで人には力があります。生後4日目の赤ちゃんが、大人を必要不可欠な眠りから起こします。逆もまた真で、大人たちには明らかに子どもに対して力があります。優しく世話をすることも話しかけずに無視することもできるでしょう。子どもが大人に影響を与え、大人の反応も子どもに影響します。必要を訴える弱い子どもの力は、より強い大人の心中をあらわにします。ひいては、子どもへの習慣化した反応により、子どもの人格ばかりか大人の心も形成されます。弱い者への反応は、人の本質を明らかにします。これは力の使用と乱用を考える際、覚えておくべき重要な原則です。

現代のニュースに少しでも通じているなら、権力は善用もされれば悪用もされることをご存知でしょう。権威主義的な専制者について、また信仰や政府への抗議などのために虐待され投獄される人々についてのニュースを目にします。助けを必要としている人に犠牲を払って財を与える人、失踪した子を何日も探し続ける人、また人身売買の犠牲者を救うために、時と金と努力を惜しまない人々がいます。どの例も枚挙にいとまがありません。すべての人命はこの世界においての一つの力です。私たちの影響力は常に外に流れ出ます。しかし権力者が助力を拒み、必要に耳を貸さなければ、心遣いどころか突き放す態度が優勢になるでしょう。

創世記における力

人としての力の源は何でしょう。創世記を読むと、神が人に力を授けたことが分かります。

神は仰せられた。「さあ、人をわれわれのかたちとして、われわれの似姿に造ろう。こうして彼らが、海の魚、空の鳥、家畜、地のすべてのもの、地の上を這うすべてのものを支配するようにしよう。」

神は人をご自身のかたちとして創造された。神のかたちとして人を創造し、男と女に彼らを創造された。（創世記1章26—27節）

神はご自分のかたちを持つ人を造られ、地を支配するように命じました。支配するとは、「主権を持つ、統治する」ことを意味します。何に対して主権を持つのでしょう。魚、鳥、家畜、全地、這《は》うものすべてにです。そこに含まれていないことは何でしょうか？　人が互いに支配することは命じませんでした。男が女を支配したり、女が男を支配するようには言われていません！　神が造られた他のすべてのものを2人で共に支配せよと命じられたのです。神が与えられた力を共に良いことに使うべきなのです。同28節によると、神は人に「地に満ちよ。地を従えよ。」と命じます。従えるとは、「征服する、服従させる、下に保つ」などを意味します。神は人を一体として造られ、その一体の男女が互いをではなく、地を支配し従えるよう命じたのです。

同1章で、神はまたアダムとエバに子孫を残すように命じました。

神は彼らを祝福された。神は彼らに仰せられた。「生めよ。増えよ。」（同28節）

どのようにそれをしますか？　言うまでもなく、さらに人を生むことによって人は力を増し加えますが、同時に人生のあらゆる領域でも実を生み増やすように造られています。つま

＊「すべての力」は著者による付加。以下の聖句引用でも、付加があるものもある。

り、神は、なすわざすべてにおいて神のかたち、似姿を増やすために私たちを造られました。神は人をご自分のかたち、似姿に造られました。人には力が与えられ、人は自分を造った神を反映したものとなりました。では、この神はどういうお方でしょうか。良い方、真実な方、避けどころ、真理、そして愛の方です。ですから、世界に神のご性格を広めるために神は人に力を与えたのです。神は祝福されました。祝福のことばを与え、この地で生み増え、男女が手を携《たずさ》えて神のかたちを持ち運び、地を祝福せよと命じました。

その後何が起きたかは、だれもが知るところです。神の力と神に似たものをすべて拒む、悪賢くて欺きに満ちた被造物が来て、神のことばを使って人をだましました。「お前は神のようになりたいか。神のかたちになりたいのか。善悪を判断する力が欲しいのか。神が取ってはダメだと言ったものを手にすれば、それはお前のものだ」。この敵と同じく、以後の人類は神に逆らうために力を使いました。自分に益と見えるものを手に取り、自らを肥やしました。良いものが手に入るという欺瞞《ぎまん》により、神への反抗を選んだのです。神の似姿や善を選ぶために使うべき権力を、悪を選ぶために使いました。彼らは神に似た者となること、善悪を見分ける心を求めました。目で見たものは彼らの願いと最高の目的に訴えかけました。しかし、実は神に従っているのだと思わされつつ、神から得た力を悪用して神に逆らったのです。

神のご性質を持つ者が力を誤用し、神の敵に似てしまう結果になりました。バビロンの王のように、「(私は) 密雲の頂に上り、いと高き方のようになろう」(英語訳ＮＩＶでは「自分をいと高き方のようにする)」(イザヤ14章14節)と言いました。神のいかなる似姿も神ご自身から来るものであることをふたりは忘れていました。神の似姿は人間には作り出せません。彼らの力は祝福ではなく、自他を害するために用いられました。最初の男女によって乱用された力は世代から世代に受け継がれ、その影響は今の人類すべてに及んでいます。

人格の力

力の影響を知るには、人間とは何かを知る必要があります。トラウマを抱えている被害者との出会いから私が学んだことがここで役に立つかもしれません。[1]

第一に、人間は声を持っているということです。神の声がすべてを造り出しました。そのかたちに造られたということは、自分を持ち、声を持ち、創造的な表現力を持っていることです。権力の乱用者は、犠牲者の自意識・ことば・感情・意思・選択権を奪います。願いは無視され行き場を失います。虐待はどんな種類であれ常に、人の中にある神のかたちを壊します。自意識はつぶされ、口をふさがれ、自分を主張できません。

第二に、人間は健全な人間関係を築きます。私たちは神ご自身と同じ人間と関わりを持つものとして造られました。神が肉体をもってこの世に来られたのは、壊れた関係を回復するためです。神のかたちは、関わりのなかに反映されます。人は健全な関係を望みます。虐待する権力は、それに逆らい、破壊します。裏切り・恐怖・屈辱・尊厳の失墜・恥をもたらします。人を孤独にし、危険にさらし、壁を作り、絆《きずな》を断ち切ります。共感を取り去り、安心感を奪い、つながりを断ち切ります。虐待する権力は、神との関係や人間関係に大きな影響を与えます。虐待被害者は激しく歪《ゆが》んだ見方で神をとらえ、自分の経験する悪の源と考える傾向が強いのです。非常な苦しみの中にある時に信仰の自由が侵されたり取り去られることは、権力乱用がもたらすもっとも大きな悲劇の一つです。

第三に、人間は、世の中を変える力を持ちます。すでに見たように、造り主は人に対して、支配せよ、従えよと命じました。影響を与えなさい、成長させなさい、変えなさい。これらは力に関わる用語です。虐待する者は人の力を抑えつけて、無力化します。被害者は自分が無用・無力・役立たずだと感じます。人が尊厳や目的を失うのは重大なことです。私たちが今ここに存在しているということは、ここで働き、何かを始め、物事を変えるよう意図されているのです。ことば・安全な人間関係・力などは、みな神のご性格の反映です。

力の種類

力にもさまざまな種類があります。ことばの力は、適切に用いれば、状況を適切に管理し人を動かします。ことばの使い方の上手な人は、祝福もできれば逆に長期にわたる大きな害を与えもします。逆にあまり触れられないのが、沈黙です。沈黙は素晴らしい贈り物になりえますが、武器にもなります。罰を与えたり無視するときの沈黙は、深い傷として心に残ります。

感情は、常にではありませんが、ことばの力と対になることが多いのです。感情移入《エンパシー》で慰めを与えることもあれば、言動を左右し、脅し黙らせたりすることもできます。怒り・憤りは、ことばのあるなしを問わず、人を震え上がらせることがあります。

力は、物理的な大きさ・強さに現れることがあります。ある人の体重が百十キロあり、かたや四十三キロだとしたら体力差は歴然です。大きい方が小さい方を簡単に傷つけ打ちのめせます。物理的な存在が他の形でも力を発揮することがあります。他の誰より体格が大きいわけではないのに、部屋中の人を圧倒している人をだれか一人は知っているでしょう。そのような人格の力が、一つの部屋、一つの会社、一つの国さえ左右することがあります。

特別な知識を持つ人が、権威を笠に着て、自分の言うことだから通るだろうと思う時、大きな力が発揮されます。権威ある地位が力を与えます。もし私が、社長、監督、医者、または教授ならば、地位によって多くの発言をし、多くのことを実行できます。「支配し、従える」範囲は普通より大きくなります。私の地位とそれがどう理解されているかにもよりますが、私は力を乱用して多くの悪を正当化し、かなりの行き過ぎたことをするかもしれません。特に私が尊敬される権威者である場合にはなおのことです。

沈黙と同じく、一緒にいないことも大きな影響力があります。子どもの時にした「信頼ゲーム」を覚えていますか？　友達が背後に立ち、あなたが後ろに倒れたら友達が支えてくれるはずと信頼します。ちょっと怖い経験でした。友達が後ろにいなかったり手を差し出してくれなければ、怪我をしかねません。子どもの性的虐待に目をつぶる親は、必要不可欠な時にいない親です。それも深い傷になります。心ここにあらずという伴侶も、やはり相手を深く傷つけます。他方、いじめる側に加わらない人は、いじめられる側にとって心強くて良い意味の不在です。

また乱用される力としての経済力があります。お金はこの世で多くのものを手にすることができますが、その一つが権力です。この力は賢く恵み深く使うこともできれば、操作し管理し脅《おど》すために使うこともできます。

神に従って使われないと危険になりうるもう一つの力は、霊的な力です。これは、自分の必要や特定の団体の必要を満たすために、耳あたりの良い霊的な言い回しを用いて人を動かし、操作し威嚇《いかく》するために用いられます。

最後に、私たちの生活様式、家族、部族、一般の共同体、教会また国はすべて、私たちの心や生活を形作るのに大きな力があります。生活様式は空気のようにそこにあるのに意識されません。普段と違った礼拝・食べ物・服装の生活様式を経験することは、ショックにもなりえます。生活様式は人を素晴らしく豊かにもするし、逆に傲慢、偏見、分裂ももたらしますから、私たちの文化全体が持つメッセージをうのみにする前によく見て考え、私たちのさまざまな能力を注意して使わなければなりません。

本書全体を通じて、これらの力をさらに深く見ていきます。ここでは、力がどこから来るのか、そして本来の目的が何かを理解していただきたいと思います。同時に、私たち皆が多かれ少なかれ持っている力の種類を自覚し、良くも悪くもそれらの力を私たちは使ったり拒んだりできるということです。最後に、神が与えて下さる力が祝福のために用いられるとはどういうことかを学びましょう。

力は借りもの

二つの聖句が、敬虔な力の用い方についての理解を助けてくれます。イエスは、「わたしには…、すべての権威、すべての力*が与えられています。ですから、あなたがたは行って…」（マタイ28章

18−19節）と言われました。イエスがすべての権威を持つということは、人が持つ小さな権威のすべては借りもので、私たちはイエスの権威の下に派遣されているということです。イエスは私たちに全権委任をしたのではなく、今も権威を維持しています。主は、その権威の下に、主の方法で、主の目的を遂行されるために私たちを送り出されます。あなたと私の持つどんなわずかな力も共有されていて、人はすべてを持っておられる方と共にこの力を用いるのです。人のものではなく、主のものです。ご自身のものを主は人と分かち合われます。

　あなたはことばをうまく使いますか。「ことば」である方がその力を与えてくださいました。あなたは腕力に自信がありますか。力ある神、城砦《じょうさい》を破り全宇宙を維持される方がそれを与えて下さいました。あなたの地位には力がありますか。それは王の王、主の主から来ます。あなたには知識や技術がありますか。創造の神、人にはその道を極めがたいお方が、その力を与えて下さったのです。共感力をお持ちですか。その力は慰め主、不思議な助言者から来ます。あなたには経済力がありますか。それはすべての富の持ち主の所有物のほんの一部に過ぎません。人が持つどんな力も本来神のもので、神の栄光を表し、人を祝福するという唯一の目的のために与えられたのです。すべての力が借りものならば、クリスチャンはこれを大いに謙遜に保つべきです。私たちは被造物以下でも以上でもありません。私たちは人となられた方に従います。イエスは、力の謙遜な用い方についての模範です。

二番目の聖句ですが、イエスは地上におられた時、「子は、父がしておられることを見て行う以外には、自分から何も行うことはできません。」（ヨハネ5章19節）と言われました。御子によって表された心に、弟子である者もならうべきでしょう。人は自分の教えや、自分の著書、自分の団体、自分の名を宣伝します。しかし、イエスはそのようなことを何一つなさいませんでした。人は栄光や力の一部を得ようとしますが、主は神と人の前にご自分を低くし、しもべとなりました。私たちは、自分の小さな王国を建てたいのですが、主は御父の王国を建てるために来られました。神は被造物である私たちを信頼して力を委ねられます。目的は祝福することです。私たちが力の性質と源と危険とを理解すれば、人前で謙遜に歩むでしょう。なぜなら主は、先頭に立ちたい、人を導き影響を与えたいと願う人は、仕えるべきだと言われたのですから。主イエスは復活後、弟子たちを送り出す前に言われました。「わたしの手や私の足を見なさい。」（ルカ24章39節）それは、ご自身の謙遜や、権威のしるし、仕えられるためでなく仕えるために来たことの証拠です。その力を与えられて主に従う者は、十字架の道を行くように召されています。

力は心から

敬虔な力は、私たちの心から起こされ、肉体を通して表され、それから世界に出ていきます。私たちは力を外面的なものと考える過ちをおかしがちですが、力は教会や会員やまた組織や国に対して持つものではありません。神の王国は心の王国で、教会や組織や宣教団体や学校の王国ではありません。神は人間の王国ではなくご自分の王国を建てられます。神は人の心がキリストの霊によって満ちるまでにご自身の権威を用いられます。それこそ神の力です。私たちが神の力に満ちる時、大なり小なり私たちのすべての外側の企てが命と恵みと真理と愛で満たされ、神に栄光が帰されます。

神の栄誉を汚し人に害を与えたりするときはいつも、神の与えた賜物の扱い方を間違えています。自分だけのために力を使うときはいつも、賜物を正しく使っていません。私たちの力は神のことばと神の霊に支配されなければなりません。神のことばに従わない使い方は間違いです。自己欺瞞に基づいた用い方、神が邪悪と呼ぶものを良いとしてしまうのは誤った使い方です。神の似姿に造られたアダムとエバは、神が禁じたものを食べることで神のようになろうとしました。神の「ようになる」という選択のために力を使うには、神に背かねばなりませんから、間違った使い方です。地位に伴う力を使って「福音のために」人を駆り立てるのも間違っています。神がご自分の栄光を誰とも分かち合わないと言われるのですから、感情やことばの力を用いて私たち自身の栄光を達成しようとするのは間違いです。奉仕の目的を達成するのに、不正直に用いられる成功や経済的知識などの力は間違った使い方です。私たち自身の目的を達成するのに人を操《あやつ》ろうと神学的な知識を用いるのは誤りです。家庭や教会での地位を用いて自分のやり方を通す、自分の目的に利用する、人の意見を握りつぶす、黙らせる、脅迫するなどは間違いです。自分の目的のために人を動かそうと、自分の知性や名声を用いることは間違いです。

罪・虐待・圧政などに直面したとき、自分の力を出し惜しむのも間違った使い方です。神への罪であり、神が嫌われる悪に加担することになります。イエスは言われます。「まことに、おまえたちに言う。おまえたちがこの最も小さい者たちの一人にしなかったのは、わたしにしなかったのだ。」（マタイ25章45節）そのような悪の目前で沈黙することは、力の乱用の一つになります。他人の痛みに沈黙したことで、私たちは真理を語るという神から受けた力をないものにします。聴覚障害者のために健常者が、口を開いて言語能力を使うよう神は願われます。神のためにこの世で用いられるべき神の与えた力を死蔵して用いないなら、それは悪へ加担することです。

神の力は派生的、つまり私たちの外から来ています。これは常に神の権威のもとでそのご性格に合わせて用いられるべきです。常に謙遜に神への愛の下に行使されます。私たちはまずこれを神のしもべとして、次に主のように他者のしもべとして用います。これは常に神に栄光をもたらす目的のために用いられます。これは、キリストが神に栄光をもたらす方なので、私たちの力の用い方もキリストのようでなければならないことを意味します。では人はどのように仕えるのでしょうか。力が正しく用いられることについて、私が深く教えられた三つの実話をお話しします。

最初の話は、ブラジルの小さな漁村でのことです。牧師によれば、村の数人というレベルではなく、すべての男たちがアルコール依存症で、家庭内暴力をまた近親相姦をしていると言うのです。「例外はありません、ラングバーグさん。警察官も、裁判官も、牧師もです。」そして、自分はどうしたらいいのでしょうかと聞くのです。最初はことばが出ませんでした。もうお手上げではないかと思えました。そのような場所で、人はどのようにキリストの光を輝かせることができるでしょうか。それからひらめくものがありました。目の前に神の光を宿す人が立っているからです。

「確かに問題は圧倒的ですし、絶望したくなるのも分かります。」と私は切り出しました。「先生が神をご存知なので、神さまはここに置かれたのだと思います。村人は、あなたとご家族のような家庭をこれまでに見たことがなく、他の生き方があることさえ知りません。キリストと共に歩み続けてください。奥様を尊び、お子さんたちを祝福してください。先生を通して神はご自分の道を照らされます。そしてあのような生き方をしたいという渇きを、周りに起こしてくださいます。」

安易な道だと言う印象は与えたくありませんでしたが、励ましも与えたく思いました。「ご奉仕は困難で、犠牲は多く、結果は見えにくいかもしれませんが、希望はあります。それは、この暗い場所におられる先生の中に、キリストが生きておられるからです。先生の中に生きて働いておられる神の力によって、権力を乱用しない生身の男性の生き方を証しするのです。先生がキリストのいのちの水から飲み続けるときに、その水が流れ出て、やがては村全体を変えると思います。」

二番目の話は、トラウマとその結果についてアラブ人女性向けの学び会で話したときのことです。多くの女性が権力乱用の犠牲者でした。講演の最後に一人がこう質問しました。

「私はクリスチャンホームで育ちましたが、父は母や子どもたちに暴力をふるいました。今私は家庭を持っていて、子どもがいます。子どもたちを連れて親に会いに行き、孫たちが父親の気に入らないことをすると、父は彼らをひどく殴ります。夫も私も、それは神にふさわしくないと思いますし、私たちはそのようにはしません。先生、私はどのようにしたらいいのでしょう。」

異なる文化での規則や習慣について否定的なことを言うときは、私はかなり慎重になります。直接聞かれた時にも気をつけます。それで、少し時間をもらいました。私が正しいことを言ったとしても、彼女自身が虐待を受けかねません。家族全体が放り出されたり縁を切られることになりかねません。逆に何も言わなければ、子どもが受けている悪に加担することになり、それが間違いであることは彼女もわかっています。かと言って、黙っていたら私も同罪です。短く祈って、これから申し上げることとはたやすいことではなく、恐ろしく感じるかもしれませんがと前置きしました。「お父さんが孫たちに害を与えていること、またそれが神に喜ばれないことはおっしゃる通りです。尊敬を込めてお父さんに真実を告げるなら、神様の光をその部屋に招き入れ、お父さんをその中に招き入れることになります。沈黙したままでは、おじいさんの暴力は間違いではなく正しいことだと子どもに教えることになり、悪に直面して口を閉ざすという悪い例になってしまいます。あなたも共犯者になってしまいます。」

一同は静まり返りました。彼女もしばらく口を閉じて、顔を挙げるとこう言いました。「私は神の前に正しいことをしようと思います。そのためには、この部屋にいる女性の皆さんが、私のためにぜひ祈って下さい。」皆は彼女が一大決心をしたことを知り、祈ることを約束しました。今も私は祈っています。

三番目は、大きな権力を持つ人の話です。しばらく前、息子がある中東の国で王室の皇太子のために働いていました。夫と私は皇太子の招待を受け、その国を訪問する機会がありました。

立派な機内の立派な座席に座り、上等な機内食を出されました。息子が空港に出迎えてくれ、皇太子のいる宮殿に連れて行かれました。女性である私は、アラブの男性たちばかりがいる部屋に歩いていくのです。あらかじめ息子と礼儀作法についておさらいをしました。入り口で挨拶されるまで待って、自分から口を開かないこと。皇太子は座ったままでいること。息子は言いました。「握手は自分から手を出さない、指示されるまでは腰をかけない、言われたところに座ること」息子の知る限り、その部屋に女性は誰も入ったことがないそうです。毎晩その部屋で過ごす息子はよくわかっています。

さて私たちが到着し、宮殿に案内され、しかるべき部屋に通されました。そこには十五人ほどの正装したアラブ人男性がいました。夫と私は入り口で待ち、指示があったので入室しました。そうするや否や皇太子は立ち上がって、さっと私たちのところへ歩いてきて、歓迎の手を差し出すではありませんか。私の名を呼び自分をファーストネームで紹介し、自分の右側の席を指さしました。他の十五人の男性も皇太子の例にならいました。私たちは丁重に歓迎されたのです。

皇太子は、本来の伝統に従っても良かったのです。社会儀礼を破ることで批判され尊敬を失う恐れもありましたが、祝福するためにできる限り力を使おうとしたのです。滞在中それは変わりませんでした。権力者が自分の栄誉にしがみ付かず、人を祝福するためにそれを使おうとした好例です。

これらの実話は、私たちがどのように敬虔な力を用いるかを考えるのに役立ちます。海辺の村で犠牲を払って生きていたブラジル人牧師、キリストの愛の光に満ちた一男性とその家族が暗い世界の一隅を照らす。それはイエスがされたことを生活で体現しています。王の王である方が、一人の有限な男性となり、有限の時間と空間に入られ、光と愛に満ち、ひとりひとりに仕えて父なる神に忠実に生きられました。

やはり困難な環境で生きていたアラブの美しい女性は、権力を乱用する父親に真理を語ることで光と愛をもたらし、神の名の下でなされている悪に手を貸すことを断固拒みました。尊敬は払いつつも、父親を光のほうに招き、父親も子どもも祝福します。なぜなら彼らは新しい生き方を知り、いわゆるキリスト教文化でさえ時にはキリストに従わないこともあることを知るからです。彼女はキリストに似たものです。主は当時の宗教指導者らに真理を語り、小さい者を抑圧する者たちに立ち向かいました。

息子とのご縁で私ども夫婦にも恵み深く、自分の名や地位を守るすべての隔てを取り払って自分の右側に私を座らせ、歓待し栄誉を与えてくれたイスラム国のあの王族。彼も、天と地の主である御座に座る方の姿の豊かさを教えてくれました。一国の皇太子が、地位、伝統、文化、ジェンダー、また受けた教育を超越して右手を私に差し出してくれました。彼は、最高の位、また罪と死の障壁を越えて、父なる神の右の座に私を迎えてくれたお方を思い起こさせてくれます。

私の祈りは、神が賜った力について考える時、神の光がこの学びの道を照らしてくださることです。

私は祈ります。どうか神の子とされた私たちが、地上の力についての真実をはっきりと見て、惑わされることがありませんように。すべての力を持たれるお方の権威に従わない力の用い方について、自分と他人を欺くことがありませんように。私たちが住むこの暗い世にあって、周りにに起っている虐待行為にもキリストの光を照らせますように。教会内の神の小さな子らを抑圧したり略奪する者たちにも私たちが臆することなく語れますように。そして地上の権威のすべてを脇に置き、隔てを越え、高い地位から降りて来られた主にならって、弱い者・小さい者・虐げられた者に手を差し伸べ、祝福を分け与える者に私たち自身がなれますように。

第１章　権威の源と目的

1 Diane M. Langberg, *Counseling Survivors of Sexual Abuse* (Maitland, FL: Xulon, 2003).

第2章　弱さと権威

私たちは弱くて限りある被造物です。たとえローマ皇帝の座や教皇の座にあろうと、膨大な利益を生み出す企業の社長や大教会の牧師であろうと、不法移民であろうと新生児であろうと、すべての人は常に弱い者で例外はありません。弱い者はダメージを受けやすいものです。ちょうど、力が害も与えれば祝福することもできるように、弱いということは祝福もされるし侵害される可能性もあります。弱さと強さは複雑に絡《から》み合い、美しく見える時もあれば破壊的な結果になる時もあります。

前章でふれた赤ちゃんを覚えていますか。彼女は弱く、一人では何もできず、世話をしてくれる大人に完全に依存しています。大人の力の使い方は彼女に影響を与えるばかりか、その使い方が彼ら自身を反映しています。もし大人がこの幼児を価値あるものと認めるなら、大人自身の必要や好みをおいてでも幼児を安全に守り、存分に愛するでしょう。もし大人が幼児を放置したり、弱さに見合った育児をしないなら、彼女は死んでしまうか健全に成長しないでしょう。大人の力の使い方によって、彼女の生死また成長の行方が左右されます。新生児の弱さを想像するのは困難ではありません。

しかし、養育者と幼児の関係はそれほど単純ではありません。この赤ちゃんサラの母親が16歳の少女で、サラが第一子で、母親自身がまともな育児をされずに育ち、自分の父親はだれなのか見当もつかないとします。母親が治安の悪い地域に住んで、育児をしつつ薬物を乱用しています。家には多くの男が出入りして、サラはその男性の一人によるレイプによって生まれました。サラの母親の母親、またその母親とさかのぼるなら、必要な安全と配慮を受けられなかった世代連鎖が見出せるでしょう。容貌だけでなく、前の世代のさまざまな似たような環境が連鎖するのです。彼らは確かに神のかたちに造られていますが、そのかたちは、愛する者によって神が計画したようには養育されませんでした。神のかたちがそのように曇らされていると、我々はそういう人々を一段低くみなす傾向があります。彼らは力を使う二つの方法しか知りません。自分を守り（自分が弱いから）、そして人を搾取《さくしゅ》する（彼らが弱いから）ことです。搾取《さくしゅ》は自己防衛に見えることが多いのです。

サラが弱いことは明らかですが、常に弱さが表に出るとは限りません。ジョンは億万長者で、有名大学卒で、既婚で子どもが二人おり、大会社のCEOで、多くの人に対し非常な影響力があります。

しかし、自分でも直視したくない内面の弱さを秘めています。実はジョンの父親は大富豪でしたが、ほとんど家にいない人でした。たまに家にいても、ジョンと弟の能力・性格・成績・容貌の落ち度をあげつらいました。母親は口数が少なく、夫に怯《おび》え、常に夫の機嫌をとっていました。ですから子どもたちは家庭で安心できず、弱さの中で虐待漬けでした。子どもとして守られていなかったのです。

この虐待に対してジョンがした反応は、自分も権力を追い求め、自己防衛をすることでした。弱さへの恐怖感がもとで女性を貶《おとし》め、責め、支配しました。従業員、妻、娘が被害者です。また性風俗店にこっそり通い、そこの女性を嫌悪し怒りを向けます。それをやめられない理由が自分でも分かりません。ジョンは弱く傷を抱えていますが、権力を求め乱用し、自分の影響下にいる弱者を傷つけることでやり過ごしています。

私たちは、弱い人には何かの欠陥があるかのように、しばしば弱さを「弱点」と考えます。しかし、私たちはみな、明らかに肉体的に弱いのです。どれほど力があっても、私たちはいつかみな死ぬのです。ほとんどの人は、死ぬ前に病気の一つや二つを経験します。偉大な軍隊を率いた将軍や恐れられた人々も死んでいきます。結局、何かに負けたのです。知能・業績・権威の座・人々からの尊敬やその他何があっても、自分の弱さを消し去ることはできません。それが人間というものです。

しかし、弱さはまた贈りものでもあります。この堕落した世で多くの危険に遭うのは嬉しいことではありません。しかし、リスクを冒さなければ、神の創造された世界の素晴らしさを味わうこともできません。私は少女時代、アイススケートが好きでしたが、もし転ぶリスクを冒さなければ、氷の上を滑るという心踊る体験はできなかったでしょう。木登りも好きでした。高い所も怪我の危険があります。これらのリスクを冒さなかったら、野外活動の楽しさを知る機会をのがしたことでしょう。

人を愛し愛されるのは、痛みを味わったり拒まれるリスクを負うことです。愛することは、裏切られる危険にもさらされることです。わが子に裏切られたことのある親御さんならお分かりでしょう。けれども、傷付くのが嫌だから愛さないというのでは、喜び・友情・達成感・一体感なども味わえません。友情はすばらしく美しいものですが、傷つくリスクもあります。実際、たくさんの人を愛すれば、それだけたくさんの傷を受ける可能性も増えます。もしすべての友情が実を結んだとしても、愛する者のうち誰かは先に死ぬことになるでしょう。それは大きな悲しみになります。

結婚すると、相手に捨てられ、裏切られ、批判されるリスクを負います。子どもを産むこともリスクを負うことになります。子どもは大きな喜びの源にもなれば、大きな悲しみをもたらすかもしれません。人前で話し、教え、導く、どれも批判され失敗する可能性があります。病人の世話をするにもリスクはあります。自分も病気になるかもしれません。あなたは優秀で経験豊かな医者かもしれませんが、新型コロナ陽性者を治療したら、感染のリスクを負います。

多くの人は、弱さを避けるよう努めますが、むしろ弱さを贈りものと考える方が賢くはないでしょうか。もちろん無差別な危険に自分をさらすことは避けるべきですが。避けようのないこともあります。なぜなら権利を侵害・搾取する人は、他人のことなど考えてはいません。しかし自分が弱いことを認めないと、自ら選択肢を制限してしまうことがあります。あなたを家まで車で送ろうという人が飲酒していた場合、別の人に頼むことで飲酒運転の危険を避けるでしょう。手術が必要な時、ギャングのボスにメスを委ねはしません。名医を探します。近所にいじめっ子がいたら、子どもたちを守るためにできる限りのことをするでしょう。

自分の弱さをさらさない方がよい状況は多くあるのに、多くの人はそれを知りません。子ども時代に人間関係を安全に保つことを知らなかった場合、自分が安全かどうかを判断する経験や知識が限られます。経験のないものを理解することはできません。それが何年にも及ぶ虐待関係につながるかもしれない。なぜなら弱さというものを理解せず、守られもせず、大事にもされなかったからです。新しい人に出会う度に、この人こそ私の渇きを満たしてくれると期待しますが、人を見る目がないために次の狼に狙われても逃げる機会を逃してしまうかもしれません。

弱さは常にあります。危険が迫った時、どう行動すべきか判断できる時もあります。賢く判断をし、行動できるときは自分も人も守れます。他人の弱さに気づき、その場で配慮できます。しかし、生きること・愛すること・行動するということは、傷を負い搾取され裏切られるリスクを負うことです。生きることや愛することを避けても自己防衛にはならないし、それで命が助かるというわけでもなく、逆に貧しい人生になってしまうことは明白で、私たちの代わりに弱くなってくださった主とは似ても似つかぬものになることは言うまでもありません。

弱さと搾取《さくしゅ》

私たちは常に被害者になる可能性があります。悲しいことに誰かが被害を受けたとき、私たちの集団的反応は被害者を責めることです。もし○○○（行動）をしてさえいなければ、△△△（結果）は起きなかっただろうと。

ある女子学生が、週末に二人の友人と出かけることにしました。多くの学生が集う地元の人気スポットに行き、お酒をたて続けに数杯注文します。明らかに酔って、真っ直ぐ立って歩けず、倒れるか意識を失ってしまう恐れがあります。男子学生がそれに気づいて寮まで送ろうと申し出ます。この女性には間違いなく弱みがあります。

この後は二つのシナリオが考えられます。最初は、男子学生が彼女の寮にまで付き添い、倒れたり車道に迷い出ないように注意し、寮に着いたら彼女の状態を誰かに知らせ、世話を頼む。次は、レストランを出て寂しいところへ連れ込みレイプし、そこに放り出し、やがて酔いが覚めたとき、彼女は惨めな姿で地面に横たわっていることが分かります。

これらのシナリオに私たちはどう反応するでしょうか。まず、女子学生が自分が傷つけられるリスクを冒したことを愚かと考えるでしょう。彼女は確かに限りなく無防備でした。おそらくは望ましくない結果を考えようとしませんでした。そのように考えるのは正しいでしょう。自分を徐々に危い状態にし、無防備のまま多くの点で自分を危険にさらしました。分かりませんが、その夜の飲酒の背後には、もしかしたら同情の余地があるかもしれません。たとえば、母親の葬儀の後、学校に戻ったばかりで心痛を紛《まぎ》らわせようとしていたのなら、多少は理解できるでしょう。

この話の最初のシナリオで、男子学生は思慮深い行動をしました。女性の無思慮・無防備に、わざわざ助けの手を差し出したのは立派です。男性の性格が現れています。彼女の弱さに対して彼は持てる力を行使し、自分が安全で親切で責任ある大人であることを示しました。

二番目のシナリオは違った反応を起こすかもしれません。彼女は泥酔しなければ、レイプにも遭わなかったのにと多くの人は思うでしょう。中には、「男ってそういうものだから」と、男が自制できないような状況に自分を置くべきではなかったと主張する人もいるでしょう。または、彼女は最初からセックスを求めていたので、レイプという濡れ衣を男性に着せて自分の欲望を否定したいのだとする人がいるかもしれません。そのような反応には大きな問題があります。聖書的ではないということです。新生児の話を覚えていますか。彼女の弱さは、養育者の心を暴露します。

かなり前、神学校の授業で牧師の性的虐待を話題にしたことがあります。その中で私は言いました。

「皆さんは牧師として、常に会衆に対して力があります。自分で自分を弱いと感じるか強いと感じるかは別として、どのような時にもあなたの側に力があります。牧師のことばと行動には権威があります。女性が結婚問題で相談に来るとします。ある日、精神的に混乱した女性が、注意を得ようと、立ち上がってあなたの前で衣服を脱ぎ始めます。その次に起きることはすべて、あなたの問題です。彼女の行動は確かに問題ですが、あなたの反応は内面を表します。圧倒的に弱い人の前であなたがどういう人かを明らかにします。」教室は静かでした。弱い人への搾取《さくしゅ》行為は被害者ではなく、加害者について雄弁に語ります。なぜそこまではっきり言えるのでしょう。神のことばにこうあります。

「人から出て来るもの、それが人を汚《けが》すのです。内側《うちがわ》から、すなわち人の心の中から、悪い考えが出て来ます。淫《みだ》らな行い、盗み、殺人、姦淫、貪欲、悪行《あくぎょう》、欺き、好色、ねたみ、ののしり、高慢、愚かさで、これらの悪は、みな内側から出て、人を汚《けが》すのです。」（マルコ７章20－23節）

要するに、マルコの福音書で、イエスは人から出て来るものはその人の心を表すと言うのです。「汚《けが》す」とは、不潔にする、汚染する、堕落させる（神にふさわしくないようにする）ことです。自分の考え、言動で自分を汚染するのです。はっきり言えば、自分に汚物を塗るのです。

そして、私たちはあの手この手を使って、自分を守るために自分は悪くないと言い訳します。「私はしていない。誰かのせいだ」と。自分をだまし、人をだまます。二番目のシナリオに出てきた男性は、女性への搾取についてこれをします。「僕が彼女とセックスしたのは、彼女が……したからだ」と。もしレイプで訴えられたら、彼の肩を持つ友人や家族がいるかもしれません。誤った選択と人の弱みにつけ込んだ行為を不正確に言い換えて、自他共に害を加えます。しかし、事実は、弱さについての私たちの反応は、他者ではなく私たちについてだけ語っています。弱みに直面して私たちの中から出て来るものが常にあります。他者の弱さは、私たち自身についての真理を目に見せただけです。

次の物語はよくご存知でしょう。アダムとエバは神のかたちに創造され、祝福する力を与えられました。また彼らは神だけを頼るのか、自分の考えと願いに頼るのかという選択肢を与えられました。そう考えると、完全な世界にあっても人間は「神以外のもの」を選び取る弱さや危険性を持っていたことが分かります。神は、愛することを選べる、ロボットではない血肉を持つ人を造りました。愛する能力はすべての人を弱くし、神でさえリスクを負いました。神は弱さを秘めた人を造られたことで、失敗と傷に対して道を開かれました。まさしく神ご自身が傷を受けたのです！　神のことばは欺く者によってねじ曲げられ、愛された被造物はその欺きに踏み入りました。さらなる欺きと非難が続きました。

先祖と同じく、私たちも色々な弱さを持っています。弱いという自覚がなくて、それがさらなる弱さになる人がいます。自分を難攻不落の城塞のように考え、危険に無防備な人がいます。安全に保護されることを知らず、自分の弱さについて賢い選択をすることを学ばなかった人がいます。困難に直面するにつれ、結局人間に弱さは付きものだと悟る必要があります。また、自分の益だけを考えた選択をするのか、神の支配のもとで選択するのか選べることを知らねばなりません。神を無視するなら、自他を共に賢く守ることはできず、間違った力の使い方をします。そして自分の引き起こすすべての失敗において人を欺き非難します。

新生児、混乱した十代、愛と関心に飢えてそれを見当違いな場所に求める人、また病人、弱さを抱えた人々に出会う時はいつも、人から出て来るものがその人自身を明らかにします。私たちは愛情深く手を伸ばすでしょうか。それとも自分の必要を満たそうと弱いものを利用し奪うでしょうか。

弱くなられたイエス

イエスは、誰よりも弱さ・欺き・力について教えています。ピリピ2章7節で、イエスは「人としての姿をもって現れ」とあります。人はどのようにこの世に現れますか。あの新生児のようにです。すべての権力を持つ方が無力であるかのように来られました。神の立場を捨て、本来ならないものを身につけました。その体に私たちの弱さをまとわれたのです。「あなたがたは、布にくるまって飼い葉桶に寝ているみどりごを見つけます。」（ルカ2章12節）イエスは私たちの弱さの中に入られました。宇宙を形造った方が乳をふくませられ、服を着せられました。家族はイエスのために難民として逃げました。食べ、働き、学び、人と関わりました。憎しみ、恐れ、批判また拒絶に対処せねばなりませんでした。ご自分を守るための選択に迫られました。ルカ4章で、人々はイエスを町から追い出し、丘の崖の縁から突き落とそうとしました。何とか群衆の中をすり抜けて逃れ、自分を守ることを選ばれました。自分が弱い時に自分を守るのは悪いことではないことを理解するのは重要です。

またイエスは、弱い人々を守られました。ヨハネ8章で、姦淫の現場で捕まえられた女が宗教指導者たちに連れてこられ、イエスを試みるために前に引き出されます。（興味深いことに、彼らは男の人を連れて来るのを忘れました！）モーセはこういう人を石打ちにせよと命じたと宗教指導者らは言います。申命記22章24節でモーセが実際に言ったのは、二人を石打ちにせよ、です。指導者たちは自分の聖書に従いませんでした。弱い立場の女性をイエスは守られました。

イエスは人になられたとき、弱さをまとわれました。人と弱さのどちらかを選ぶことは誰にもできません。またイエスは結局ご自分を守られませんでした。自分を亡きものにしようと力を乱用する、むさぼる狼にご自分を渡されました。私たちのためです。すべての転機でご自分を守る選択肢と力はあったにもかかわらずです。イエスは言われました。「わたしの国はこの世のものではありません。もしこの世のものであったら、わたしのしもべたちが、わたしをユダヤ人に渡さないように戦ったでしょう。しかし、事実、わたしの国はこの世のものではありません。」（ヨハネ18章36節）

どうしてでしょうか。イエスはなぜ正当な力を発揮されなかったのでしょうか。私たちの弱さを身にまとわれ、私たちが自己破壊することから私たちを守られたからです。その理由は何でしょうか？

「わたしは、その方（父）が喜ばれることをいつも行うからです。」（ヨハネ8章29節）

アダムとエバができなかったことをイエスは果たされました。二人は欺きに従い、自分自身の目に良いと思うことをしましたが、イエスは父に従い、父の喜ばれることをされ、律法に従いました。その存在のすべてで、もてるものすべてで神を愛し、どんな場合でもその愛を最優先しました。それが常にイエスの行動の背後にありました。それでご自分を守り、また人をも守られました。またそのために私たちを永遠に守られました。

私たちは自分の弱さを理解して、賢く対処することに苦しみます。自分の心が露わにされるとき、状況や他人を責めないでいることに苦しみます。他者との関係と彼らの弱さを理解するのに苦しみます。どのように応答すべきか、どこで搾取してしまう危険があるのかを考えて苦しみます。

苦しむ私たちが、神の似姿を運ぶ者として、どうか父の喜ばれることをいつもする者となりますように。型通りの手順などはありません。どこかで間違いも犯すでしょう。しかし、私たちは、人のようになって模範を残されたお方に従います。私たちはいと高き神の子どもです。この神が私たちのために、あえて弱い者となってくださいました。

第3章　権力の乱用と欺き

人はなぜこれほど安易に権力を乱用するのでしょう？　権力は良い目的で与えられたのに、どうしてこれほど人は度々間違った用い方をするのでしょう？　自分のものではないもの、死をもたらすもののために力を使う一つの要素は、どうやら欺きのようです。権力の誤用について学ぶ人はみな、常に、欺瞞《ぎまん》について学ぶことになります。まず自分を欺き、次に人を欺くことについてです。

人類最初のあの欺きに戻りましょう。「さて蛇は、神である主が造られた野の生き物のうちで、ほかのどれよりも悪賢く、すばしこく、抜け目がなかった。」（創世記3章1節）

欺く者はエバに聞きました。「園の木のどれからも食べてはならないと、神は本当に言われたのですか。」蛇は、神のことばを変えて、神が定めた限界を明らかに越えました。エバは最初の欺きは理解して対処しました。「いいえ、私たちは一つを除いて園にある木を食べられます。」しかし次にこう続けます。「園の中央にある木の実に触れさえするなら、私たちは死にます」（同上2－3節）神は、木に触れることについて何も言っていません。エバは蛇の欺きをただそうとして、結局神のことばを歪《ゆが》めました。

欺き名人である蛇は、あなたは死ぬことはないと神を代弁するかのように言います。あなたは神の言ったことを誤解している。本当は、もし食べれば目が開かれ、神のようになって善と悪を知る者となると神は言っているのですと。神が人をご自分のかたちに造られたのはすばらしいことですが、悪を知らないことについては同じではありません。神は弱いものを守られました。人が悪を知っても害を受けないようには造られませんでした。また神は人に選択の機会を与えました。豊かで良いものの中に一つの毒があることを指摘し、何ものにもましてご自身を選ぶよう招きました。その招きとは、自分の道を神の方に向けるよう繰り返し努めることでした。その努力が内面を形成し、強め、さらに神に似る者とするのです。エバは蛇のことばに惑わされ、神ご自身のことばではなく蛇によって歪められた理屈を信じ、食べるのに良く美しく、賢くしてくれそうに思えるものを食べてしまいました。神ならぬものが話した嘘を信じ、目に見えるもので判断し、だまされ、害を受けました。エバは毒を取り込み、愛の神から遠ざかりました。

私たちもまた毒を取り込み、自分のしていることは教会の益となる、または教会を守るためだと言い分けします。キリストの愛された弟子ヨハネは、紀元一世紀後半、信者たちがやはりだまされていたために、光と闇、真理と偽り、正義と不法、いのちと死などについて手紙を書かなければなりませんでした。ヨハネの手紙第一1章5−10節は、私たちが神に従うなら、神を知っていることが分かる。神を愛すると言いながら互いに憎み合いさばき合い、見下し合っているなら、私たちは偽り者だ。神を愛すると言いながら、心の空白を満たすために神でないものに心を向けるなら、実は私たちは毒を取り込んでいる。神を愛すると言いながら、虐待被害者や他人種・他国人を劣っているとみなすなら、明らかに私たちは偽り者で、真理は私たちのうちにはない、私たちはだまされている、と言います。

ヨハネは続けます。世をも世にあるものをも愛してはならない。教会内でもこの世的な基準での成功を収めたいという誘惑がある。イエス・キリストを愛し従うことを優先しなさい。結果は二の次だ。富・立派な建物・人数など見えるもの、手でさわれるものを欲しがる誘惑がある。最後にヨハネは、地位や業績などの自慢にもふれます。地位への執着、地上的外面的なものに執着するのは、御父への愛がないしるしなのだと。これらは、現代のクリスチャンもだまされやすいものです。

神の民として私たちは、見えるもの、自分が欲するもの、自分が良いと決めたものにだまされやすいのです。自分に甘くなり、物事を自分に有利に解釈したがります。私たちはまず不正確な言い方をし始めます。エバがそうでした。蛇から園の木について聞かれ、それを食べても触れても死んでしまうと答えます。神は触れてもいけないなどとは言いませんでした。その時、彼女は真理を捨て、神の言われたことに付け加えをし、欺きを選びました。私たちはしばしば神が意図しなかったことを付け加えて、本来の意味を変えてしまいます。

神のことばに水増しをするのは歪曲することと同じです。神を愛するならこの規則やあの規則を守らねばいけない、そうしなければ神に背くことになるのだと。イエスは、まさしくそれをしていたパリサイ人を厳しく責めました。「彼らは、重くて負い切れない荷を束《たば》ねて人々の肩に載せる」（マタイ23章４節）

私たちは、人生を破壊するような非道な虐待の被害者に向かって、ただ赦して忘れなさいなどと言うことがあります。どのような悪も、ましてや人の一生をぶち壊すような悪行に対して、ただ赦すことなどそんなに単純にできることではなく、忘れられるものでもありません。時間をかけて努力をし、何らかの癒やしがなされて、それらの記憶が変わることはあるかもしれません。しかし、「忘れる」ことなどできるでしょうか？　レイプされ、夫と呼ぶ人に骨折するほどの重傷を負わせられ、一時はパパと慕った男性に奴隷のように売り飛ばされたことを、誰が忘れ去ることなどできるでしょうか？

人は神の真理を自分にも人にもいとも簡単に誤って伝えます。エバはそれを自分に対して行い、その欺きをアダムにも行い、夫をも自分自身をもだましました。私たちは誤ったことをしつつ、正しいことをしているのだとまず自分をだまし、人をもだますことがあります。人を欺きに抱き込むことにより、自分の正しさを確かめているかのようです。しかしこの選択には、重要な声が欠けていました。預言者エレミヤは、神のことばとして次のように私たちに語ります。

「偽りに偽りを積み重ね、わたしを知ることを拒んでいる」（口語訳エレミヤ9章6節）

神の声を拒むことこそアダムとエバがしたことであり、私たちがしていることではないでしょうか。

私たちは、嘘をついている相手のことを気にもかけず、「神のために」何百万ドルも欺瞞的に使うことを承諾します。「キリスト教」団体の頂点にいる人物が威張り散らしていることを、「彼はそういう人だから」という理由で見過ごします。虐待被害に遭った犠牲者が何人も現れ、おずおずとようやく重い口を開いても、多人数を集めているという理由で加害者である賜物のあるユースワーカーを守る。教会の牧師やコーチやリーダーには何も性的な意図はなかったのだなどと少年少女たちに言い分けします。害悪を見過ごすことで、イスラエル人と同じく、神を認めることを拒むのです。神の声を求めず、欺きに誘われるとき神の名前を借りた「良い」目的のため、甘んじてだまされます。

エレミヤは言いました。

「人の心は何よりもねじ曲がっている。

それは癒《い》やしがたい。
だれが、それを知り尽くすことができるだろうか。」（17章9節）

このことばに強烈に心打たれた日には、一日を始めることもできなくなるでしょう。「ねじ曲がっている」というヘブル語には、「陰険な」「悪賢い」「ずるい」などの意味があります。ルワンダへの旅の後でそれが強く印象に残りました。どのような集団殺りくにおいても欺きの種々のレベルや恐るべき権威の乱用はショッキングなものですが、ルワンダの教会は、約八十万人の命を奪った虐殺に嘆かわしいほどに加担していました。教会は純粋さを求めましたが、その「純粋さ」を追求することは、神への憎悪のこもった不服従を意味していました。あるルワンダ人部族は不純だから取り除かねばならないのだという欺きを、教会は信じ込みました。欺きにより、自ら神の民と自称する人々が、神の似姿に造られた人を人とみなさずに、抹殺したのです。世の光となって闇のわざを照らす者としての召しを受けていたはずなのに、かえって闇に同一化して、それを「正当化する」のに聖書を用いました。

欺きのプロセス

欺きの結果は分かりやすいのですが、その性質上、欺きを見破るのは困難です。尊敬していた人が長年に渡って行っていた性的虐待や詐欺を暴かれた時に、私たちはそう思います。正直で善良な人だと思い込み、はっきりと残っている証拠をなぜか見逃していた。どうしてそんなことが起きるのでしょうか？　なぜそれほど発見しにくいのでしょうか？　そして事実が暴露された時、私たちはなぜ真実を否定し、自らをも欺こうとするのでしょうか？

　欺きは、人ではなく自分から始まるからです。これはサタンについても言えます。彼は自分をだまし、いと高き方のようになろう、いやなれると考えました。サタンは今も私たちを欺こうとし、私たちの欺瞞はその企てに安々と乗ってしまいます。私たちは正しくないことを正しいと自分に信じさせ、葛藤を覚えずに実行する方法を考えます。この試験では良い点を取らなくてはならない。しくじると赤点だ、留年だ。親は僕をこの学校に入れるのに大変な犠牲を払ったのだから、ここで失敗は許されない。きっと怒るし、恥さらしだと思う。親のために今回はカンニングをしよう。こういう考えは、エデンの園で起きたことと同じです。目的は手段を正当化します。この実を食べれば、神のようになれる。神は私に神のようになってほしいと願っている。欺きは、悪が善だと自分に信じ込ませます。自分を欺いて悪を善と呼び、恐れや罪意識を麻痺させます。

　もっとも効果的な嘘は何らかの真理を含んでいます。長年多くの方々の話を聞く中で、このパターンを何度も見ました。これからしようとする悪を正当化するために、自分に言い分けを吹き込む—堕落した人類の常套《じょうとう》手段です。

あなた自身の見聞きした性的虐待・ＤＶ・横領着服・不倫・さまざまな依存症などの状況に関連させてこの欺きを考えてみましょう。また承認や成功を求めたり、他人の賛同を得たい時、すぐにそれと分かりにくくても同じような欺きが潜んでいます。誘惑がやって来て、自己欺瞞や迷いが加わり、悪を善と呼び、まず正当化がなされ、時間が経つとそれが習慣化し、虜《とりこ》となり、やがて積極的に参加し、そして破滅へと突き進む。嘘を真実と呼ぶときはいつも、私たちは道徳的な判断ができなくなります。ジョー・Ｒ・ランズデールの小説『茂み（邦訳なし）』の登場人物のセリフにあります。

「ある意味、罪ってコーヒーみたいだな。若い頃、ちょっとすすってみたんだ。苦くてまずかったけど、ミルクを入れたらうまくなってさ。そのうちブラックでも飲めるようになった。罪もそうだ。嘘によって甘くして、そのうちストレートでもいけるようになる。[1]」

こう説明されると、欺きは不快で恐ろしいものに聞こえます。しかし、これは私たちの奉仕活動や生活に微妙な形で、時にキレイなものに包まれて現れます。高い地位、偉大な神学知識、驚くほどの弁舌、すばらしい演奏などの陰に欺きは容易に隠されます。実は、それらは欺瞞的な生き方を隠してくれる便利な道具なのです。外面的な要素が欺きの動機になります。もし私たちの魂の敵が光の天使に変装できるなら、よこしまな人が悪魔の真似をして身綺麗に整え、神学的に正しく、人の目に美しく見せるのは容易なことです。

拙著『苦難と神の心（邦訳なし）』に書いたことですが、「自己欺瞞は麻薬のように働いて、自分にとって苦痛なものを見たり感じたりしないようにしてくれます。[2]」

苦痛を和らげる麻薬を、人はいとも簡単に乱用します。痛みに耐え、やり過ごし、また無害な方法で和らげる効果は徐々に衰え、さらに薬に頼ります。米国におけるオピオイド*乱用の広まりはこの極端な例です。苦痛を一時的に取り除くので、欺きはオピオイドのように痛みをブロックし、気持ちを落ち着かせます。繰り返すことで巧みになります。何かを練習すると無意識でもできるようになる。それが靴紐《くつひも》を結ぶくらいならいいのですが、自分や人をだますことになると恐ろしいことです。

要するにエレミヤは、欺きは自分を欺くことだと言うのです。薬物のように使えば使うほど抵抗力が弱くなります。それが習慣になって良いものを認め選ぶ力がなくなるまで、私たちの判断力は嘘によって段々と弱まります。それは、子どもを性的に虐待した加害者の中にも作用していました。良心の呵責《かしゃく》を覚えたことがあったとしても、今ではそれはすでに麻痺していま す。ハワード・サーマン牧師はこう言いました。「欺きの罰とは、人が欺きそのものになって しまうことだ。道徳的判断力がすべて死に果てる。習慣的な嘘つきは、嘘そのものになる。そ して、いつ嘘をつき、いつ嘘をついていないのかが、自分でますます分からなくなる。[3]」

＊アヘンに似た作用を持つ合成麻酔薬

また、欺きは伝染します。敵である悪魔からエバに、エバからアダムに、アダムから私たちにと伝染したようにです。自分にとって大切な人、子ども、伴侶、牧師などのことばを私たちは信じたいのです。愛され尊敬されている牧師が教会の複数の女性たちを性的に虐待していたことを知るとします。だれもそんな話を信じたくありません。それで私たちは、告発者たちは嘘つきだと証明しようと躍起になり、牧師の弁護に走ります。欺きは、集団順応思考へと、本当であってほしいものを守ろうと人々を巻き込みます。破滅と真実に伴う痛みとに正面から向き合わず、欺きという名の薬物を集団で取り入れた多人数をその欺きに巻き込んでしまう。こうして欺きは組織的になります。

欺瞞の破壊力

自分と人をだますことは、常に死をもたらします。著名な作家、アウシュヴィッツの生存者であるエリー・ヴィーゼルのことばを聞いてください。

「私はわれとわが顔をつねった。――まだ生きているのかしら。目が覚めているのかしら。どうしても私はそうと信ずることができなかった。人間が、子どもたちが焼かれているのに、しかも世界が黙っているとは、どうしてそんなことがありうるのか。いや、何もかも本当のはずがない。悪夢なんだ…。いまに胸をどきどきさせながら不意に目が覚めるのだろう……私は父に言った。現代だもの、人間が焼かれるなんて思わない、人類はけっしてそんなことを許しておかないだろう、と……。

『人類だって。人類は私たちのことを気にとめていないのだよ。今日では、どんなことでも許されるのだ。どんなことでも可能なのだ、焼却炉でさえ……。』[4]

「どんなことでも可能なのだ」と強制収容所にいた父親は15歳の息子に言いました。人間が子どもたちや弱い大人たちを焼いて、誰も助けないということが現に起こったのです。みなさん、さらに歴史をさかのぼれば、エレミヤ書などからイスラエル人が子どもたちを火の犠牲にしていたことが分かります。* なぜでしょうか？　神々をなだめご利益を得、カナンの神モレクに子どもを犠牲にして神々を喜ばせようとイスラエルの神が禁じたことを行いました。なんと倒錯していたのでしょう。子どもを焼いたのはナチスが最初ではありません。はるか昔にまさしく神の民がそれをしていたのです。

私はアウシュヴィッツで、子どもたちや弱者が投げこまれた炉のそばに立ったことがあります。どうしてそのような狂気がなされたのでしょうか？　「純粋さ」のためでした。我々が純血であるためには、ある種の人間を除かねばならない。沈黙させ消し去るのだ、なぜなら彼らは我々の純粋と繁栄を脅かす存在だからだ。なんという欺瞞！　しかし、犯された罪の事実を

＊　エレミヤ7章31節　列王記第二16章3節、17章17節など

語る虐待被害者たちを信じず、「彼らは問題を起こす者たちだ」とレッテルを貼るとき、私たちも同じことをしているのではないでしょうか。違う民族と自分を切り離し「私たち」と「彼ら」は違うと考えるとき、同じことをしてはいないでしょうか。私たちは「彼ら」を、恥・劣等・孤独、嘘つき・汚れのレッテルを貼り付けます。

ルワンダにも行きました。民族浄化のためにゴキブリと呼ばれた人々が殺された現場です。神ご自身が造られた人々を虐殺することで、民族が浄化がされるかのように信じたのです。そして私たちも、奴隷制度・リンチ・暴行・隔離・陵辱などを社会の中で同じようにしたのではないでしょうか。アメリカ原住民が汚れているからと、居留地内に押し込めることもその一つではないでしょうか。キリストの名を名乗りつつ、そのようなことをした民族はどれも、人々を死に定めているのです。

様々な意味で、人々を差別してきた教会の多くの欺瞞性を考えてみてください。のちに詳しくみていきますが、欺瞞は組織化されています。つまり人間の作った制度そのものが、嘘を真実かのように実行します。私たちの教派または私たちの教会だけが唯一の正しい教理を持っている。私たちの民族だけが優秀で、他の民族からあらゆる犠牲を払ってでも守らねばいけない。一つの性、一つの民族、一つのグループだけが権力を持つのだ。私たちだけが正しく、他は標準以下だ。このような国家と人命を破壊する毒のような欺瞞が真理とされています。信じられないなら、「クリスチャンの」ＳＮＳ

を一週間閲覧してみてください。

クリスチャンが人種差別についての虚構を受け入れ、今も根深い欺瞞と現在進行中の害毒を自覚できていないところに、組織的欺瞞の一例を見ることができます。何らかの形で自分とは違う人種を別扱いにするのは良いことなのだと、私たちは自分を完全にだましてきました。そして、いつか神によって一つにされる神の民は、神の名において侮辱し奴隷にした人々になされた迫害について無知なままです。それが何世代も続いているのです。

もう一つ、教会が関わっている組織的欺瞞は、権威を乱用された被害者のために声を上げないことです。2019年2月、日刊紙ヒューストン・クロニクルが、南部バプテスト連盟（米国プロテスタント教会での最大教団）は、無数の性的虐待とレイプ犯罪を無視し隠蔽し、加害者を擁護してきたと、その組織的欺瞞を報じました。[5] 加害の全貌は今でも明らかになってはいません。被害者の苦しみは計り知れず、部外者の私たちさえ害を受けています。なぜなら、私たちが自分をだますとき、自分の生活と魂が害を受けるからです。欺瞞・悪行の隠蔽を容認するために神の家と神のことばが使われたのです。

神が悪と呼ぶものを善だと強弁するとき、何かが失われます。奴隷制において権力者たちは人命と共に、尊厳・選択・繁栄・発言権・愛なども抹殺しました。虐待行為そして隠蔽行為もやはり希望・信頼・安全、尊厳・愛を抹殺します。

G・キャンベル・モーガン牧師は、「聖域は、それを必要とするような、いかなる悪とも共謀しないものだ」[6]と言います。教会とクリスチャンは、犠牲者が避けどころを必要とするような恐ろしい犯罪の共謀者となってしまったのです。弱者のための駆け込み寺となるべきなのに、教会は逆にしばしば権力者のための避け所となって、神がそれをよしとするかのように私たちは信じ込みました。

欺瞞は伝染し、組織的で、次世代に容易に受け継がれます。それは教会の過ちは現在の犠牲者を虐げ、次世代にも害を及ぼすということです。神の器としての教会、本来は何世代にも祝福を注ぎ続けるために生み出されたものが、次々と欺瞞を受け継ぐ製造機と化しているのです。

個人的また社会的アイデンティティは、成長期に親や親類、子どもの人生に影響力を持つ人々によって作られますが、そのアイデンティティが偽りだということもあります。少女が、女性などゴミだ、気ままに使われる性的対象だ、愚か者だなどと、完全に思い込まされるままに成長してしまうことがあります。もし口を開いても侮辱されてしまう。あるいは、自分は大切で十分に愛され守られ、学び、成長し、神の願われる女性になれる、と思う人もいます。男子もやはり、養われ愛され、親切心を学びどのような種類の力も人を祝福するためのものであると教えられることもあれば、力は勝手気ままに使うもので、怒りで人を操作し、欲しいものを得るためには何でもできる、と教えられるかもしれません。婦女子の虐待、他民族への憎しみや暴力、異なる信条への一方的な断罪その他の欺瞞は、世代を越えて受け継がれることが多いのです。神の忌み嫌われる欺きが、動かし難い信念、依って立つ土台のようになってしまいます。人は真理と光の神ご自身の中にではなく、嘘の中に自分を置いてしまいます。

真理の道

ヨハネは、第一の手紙で言います。「愛さない者は死のうちにとどまっています。兄弟姉妹を憎む者はみな、人殺しです。…自分の兄弟や姉妹が困っているのを見ても、その人に対してあわれみの心を閉ざすような者に、どうして神の愛がとどまっているでしょうか。……私たちは、ことばや口先だけではなく、行いと真実をもって愛しましょう。」(ヨハネ第一3章14−15、17−18節)

神は最初、「その木から食べるとき、あなたは必ず死ぬ。」(創世記2章17節)と言われました。神は真理を語られたのに、アダムとエバは神のことばを歪め、死がこの世に入りました。今神は、「もし兄弟を憎むなら、死がやって来る」と言われたのです。多くの欺きは、人に与える影響などを考えず、自分の欲望を満たし自分を守るためのものです。

この節の「憎む」というギリシャ語は、「殺す」を意味しますが、「心の中で誰かに唾《つば》を吐く」ことも意味します。「けなす、破壊する」ということです。困っている人に心を閉ざすだけで、そうすることになるとヨハネは言います。欺かれた心は閉ざされた心です。まず真理の神に対して閉ざされ、次に隣人に対して閉ざされています。欺きは常に欺く本人に害を与え、次に欺かれる人を害を与えます。私たちが心を閉ざすとき、要するに心の中で唾を吐いているのです。ことばだけではなく行いで愛そうとヨハネは懇願します。私たちはことばで愛を表し、それで十分だと自分を欺きますが、行いと真実をもって愛すべきなのです。愛と真理についての神の基準に合わせるべきだという意味です。自分をも人をもだますことなく、最初から最後まで真実の人であるという意味です。言い換えれば、欺きの反対の誠実さと言えます。英語の「インテグリティ（誠実）」は、ラテン語の「インテゲル」から来ており、「全体」を意味します。表も裏もなく、一貫しているということです。

ヨハネは、神の民に向かって勧めます。「ことば（これがしばしば私たちの欺きの道具である）を悪用してはいけない」「行い（厳しい労働を示唆する語）をもって愛しなさい」「欺きではなく真実を伴う愛をもってせよ」（ヨハネ第一3章18節）と。言い換えれば、祝福するために力を使いなさいと言うのです。行いと真実をもって愛するとは、生活が周りの人の祝福になるということです。欺きは愛の対義語で、欺くときは、明らかに自分にも人にも真実を言いません。欺きの実は、自分を傷つけることで、その害は家族、教会、国々などにもびます。神は、私たちがその実を食べるなら必ず死ぬと言われました。もう一度エレミヤに聞きましょう。

「娘である私の民の殺された者たちのために
昼も夜も、泣こうものを。
…………………
彼らは弓を張り、舌をつがえて偽りを放つ。
地にはびこるが、それは真実のゆえではない。
…………………
彼らはそれぞれ、互いに友をだまして、
真実を語らない。
偽りを語ることを自分の舌に教え、………
あなたは欺きのただ中に住み、
欺きの中で
わたしを知ることを拒む。
——主のことば。」（エレミヤ9章1、3、5−6節）

どんな種類、どんな規模の欺きも死をもたらします。初めからそうでした。私たちは、「わたしは…真理であり」（ヨハネ14章6節）と言われたお方に従っています。わたしは真理を見せようとか、あなたがたがこれらのことを覚えたら真理を持てるだろうとか、あなたが正しい教会、民族、国家であれば真理を知るであろうと言われたのではありません。「わたしは…真理であり」と言われたということは、人となられた神に似ていないものは真理ではいということです。もし私たちがその気になれば、この真理は私たちが大事に抱えて離さない死をもたらす欺瞞の多くを打ち砕くでしょう。

イエスの道

イエスは山の上に座り、群衆の前でご自分の道、真理と愛の道について弟子たちを教えられました。注意深く聞くなら、山上の教えのどれ一つとっても人間の願う王国については教えていません。人間の考える国の建設は、国家、民族、部族、武力、富などに焦点を当てます。イエスの教えでは、神の国での偉大さは神のかたちを映す人格に見出されます。

「心の貧しい者は幸いです。」（マタイ5章3節）

自分自身の欺きにではなく、神に支配されようとする者は幸いです。力、業績、所有物、あるいは人種、階級、地位、また称賛などについて欺きの教えに支配されない人は幸いです。私たちの父の御心を行い、その上で自分の罪、他人の罪を悲しむ者は幸いです。欺きを真実と思い込んでいたことを素直に認め、神の真実を求める人は謙遜な人です。神にふさわしくない、いかなるものも拒み、義に餓え渇きます。あわれみ深く苦しむ者に仕えます。心きよく、一つ心で父に従います。私たちが求めるのは、純粋な神学、純粋な人種、見かけの純粋さなどではなく、主キリストに支配される心のきよさです。

私たちは、いとも簡単に自分自身を欺き、間違った道に従います。私たちは偽キリスト、人のかたちに造られた何かに従い、自分たちの方法、自分たちの偏見を支持します。キリストがいつも私たちのやり方に賛成しているように見えたらおかしいのです！　私たちの主は、ローマ帝国やユダヤの最高法院《サンヘドリン》や群衆とは歩調を合わせませんでした。父なる神の御心を行おうとしない弟子とも共に歩みませんでした。

「わたしを遣わした方は、わたしとともにおられます。わたしを一人残されることはありません。わたしは、その方が喜ばれることをいつも行うからです。」（ヨハネ8章29節）

もし私たちがこの方に従うなら、家庭や教会や地域やこの世界においてキリストにふさわしくないことをするときはいつも、すぐにそれを悔い改め捨て去ります。もしそれをしないなら、私たちは自分を欺き、神にふさわしくないものを受け入れる方法を探すことになります。その欺きは、私たち自身の虐待や他人の虐待行為についての嘘かもしれないし、私たちの地位、教え、または経験への誇りについてかもしれません。宗教の衣を着た誇りと自制の欠如には浅からぬ関係があり、それは人を最悪の誘惑に導きます。それが欺きの結果です。

「人の甚だしい思い上がりを満足させるものは何でも、その人の道徳感を根から腐らせる。…うわべだけの信者にとって、宗教の衣を着た思い上がり以上に堕落への近道はないからだ。」[7]

どうか私たちが、数々の「小さな死」に鈍感になって自己欺瞞の道を進み続け「より大きな死」に至るようなことがありませんように。知識のみを心に入れて、従うことを忘れることがありませんように。自らへりくだり、神の御顔を求めますように。真理であるお方の名を呼び求め、私たちの心を探り、私たちの道を知っていただくことができますように。大量虐殺や欺瞞やいかなる種類の死をもたらすことなく、願わくば活ける水の川を注いでくださるよう、人の心を知る神を熱心に探し求めますように。神の民である私たちが、悔い改めることができますように。

1 Joe R. Lansdale, *The Thicket* (New York: Mulholland, 2013), 265.

2 Diane M. Langberg, *Suffering and the Heart of God: How Trauma Destroys and Christ Restores* (Greensboro, NC: New Growth, 2015), 198.

3 Howard Thurman, *Jesus and the Disinherited* (Boston: Beacon, 1976), 55.

4 エリ・ヴィーゼル　村上光彦訳『夜・夜明け・昼』 みすず書房　1984年　61頁

5 Robert Downen, Lise Olsen, and John Tedesco, “Abuse of Faith,” *Houston Chronicle*, February 10, 2019, https://www.houstonchronicle.com/news/investi gations/article/Southern-Baptist-sexual-abuse-spreads-as-leaders-13588038.php.

6 G. Campbell Morgan, *Studies in the Prophecy of Jeremiah* (Westwood,NJ: Revell, 1955), 99.

7 Handley C. Moule, *The Epistle to the Romans* (Fort Washington, PA: CLC,1958), 69.

第4章　文化の力とことばの影響力

人類の文化という壮大かつ多面的なテーマをここで扱う訳ではありませんが、権力という問題を考えるにあたって、文化が私たちをどのように形づくり、権力という問題にどう影響しているのかを理解することは大切です。私はトラウマ被害者のために世界を回りましたが、異文化との出会いの不思議さの一つは、自分を見る目と人を見る目が必ずしも快くない風に変わることです。世間的には裕福でない人々から喜んで歓迎されることがありました。音楽を聴き踊りを見、バラエティーに富んだ芸術を鑑賞しました。おかげで鑑賞眼を養われましたが、逆に心痛むこともありました。「ランバーグさん、近親相姦は、ここの生活の一部です」とか、または牧師で、私と同じ神を愛し信じている方から、レイプされた14歳の少女たちは、家族の恥にならないために加害者と結婚させられるのですよと、怒りを込めて言われたことがあります。そのように視点を変えて見ると、自分自身の教会内外の文化を、より注意して見るようになります。

人として私たちは、自分がどっぷりと漬かった文化から容易に影響を受けます。空気のように呼吸し、深く考えずに文化を私たちの一部としています。その影響力は大きくて認識されにくく、危険でもあります。自分の文化はよく知っていて、親しみがあり、ともに成長し当たり前のようにそこにあり、また人にも伝えてしまう様々な「毒」があることに私たちは気づきません。文化が私たちを形作っていることさえわからない傾向にあります。

かなり昔、白人牧師が、アフリカ系アメリカ人牧師にこう言われたそうです。「白人は、自分が特定の文化を持っていることを分かっていませんね。自分のやり方が正しく、それ以外は特定の文化を持っていると思っている。」この発言は、支配的な文化の持つ盲点と思い上がりを明らかにしています。

私たちは子ども時代に、友達の家に行って自分の家とは違うことに気づく経験をしています。カーペットがない家、ゴミ屋敷、テレビがつけっぱなしの家…。どうしてこんな家に住んでいるのだろう？どの家にもカーペットがあり、清潔で、テレビは見る時だけつけるものと思っていたのに…。またはその逆で、カーペットが敷かれ、整頓され、テレビの音のしない家に驚きの目を見張ります。自分とは違う礼拝の仕方や、大きさの違う街などに初めて行くとショックを受けます。そんなに違った考え・

見方・生き方ができるのかが理解できません。結婚する時も似たようなショックを受けます。「家族で食事をしないって、どういうこと？　クリスマスをやらない？　こういう家事をしないってどういうこと？」などと驚いて伴侶に聞きます。もし外国旅行をしたり外国に住んだりしたことがあれば、食べ物（食べ方、配膳の仕方）、話し方、教育、睡眠の習慣、衛生、家庭、信仰生活などあらゆる点で違いを発見したでしょう。私たちは無意識的に文化を取り入れています。私たちとは違う人たちは劣っていると考える、ここでもある種の力が働いています。

キリストに従う者として、私たちは同時に二つの文化に住んでいます。一つはこの世の文化、もう一つはキリスト教文化です。それぞれの文化が自分をどのように形作っているかに気づく必要があります。私たちはキリスト教界の文化を、それに付随する多くのサブカルチャー、教派、そして国民性・民族性などと共によく考えずに自分が親しんでいるものがクリスチャンとして正しい生き方だと決め込んで吸収しているのではないかと私は恐れています。

キリスト教界の文化も含め、すべての文化は、不完全な人間によって発展しました。自分たちの文化とその前提を考える際、この根本的な真理を踏まえて大いに謙遜になることが求められます。エデンの園以来、地球上でいつ、どの時代のどの国に生まれた人、どんな文化を形成した者または受け継いだ者も、イエス・キリスト以外はみな自分中心に生きてきました。私の好きなスコットランド人作家にジョージ・マクドナルドがいますが、彼はこう言っています。

「地獄の一大原則は、『俺は俺自身のもの』。俺は自分の王様で、自分の家来だ。俺の考えは中心である俺から出る。俺は俺の考えの目的であり終点だ。人生のアルファでありオメガとして、俺の考えは俺のところに戻る。俺は俺の栄光だけを考える。そうでなくてはならない。俺の願いは、人の関心を唯一の中心である俺のところに集めること。俺の楽しみは俺が楽しむためのもの。俺の王国ではできるだけ多くの人間に俺の偉大さを認めさせる。俺の判断は全てにおいて間違いがない。俺の願うことはすなわち俺の権利だ。俺が自分にとってすべてになればなるほど、俺は偉大になる。[1]」

イエス・キリストの購《あがな》いのわざによってつくり変えられていない人は、誰もが自分中心です。私たちはすべて、自分で考えた自分なりの小さな世界から人生を始めます。もし自分を、だれよりも優秀で頭脳明晰《めいせき》で天才だと思うなら、考えることとすること、人間関係、人生の目的は、その傲慢《ごうまん》な自分から流れ出ます。逆に、自分が人に劣っていて無能だと思うなら、考えることやなすこと、人間関係、人生の目的は、そのダメな自分から流れ出ます。もし私が、自分はヘンリー八世だ、大英帝国の王で英国教会の首長で、疑問の余地がない神聖な権限を授与されていると信じこめば、国民を亡き者にし、不満に思う王妃は斬首《ざんしゅ》し、嘘を言い、盗み、やりたい放題をしても裁きを恐れないでしょう。もし私が３歳から18歳まで暴力と性的虐待を受けて育ったとしたら、虐待という文化に浸っていますから、心はボロボロで、おびえ、気持ちの休まるときがないでしょう。影響力のある人から与えられたイメージや自身の選択で作られたセルフイメージは、人生に少なからぬ影響を及ぼします。自己中心ということがキリスト教界ではびこる大問題であることを前提にしていなければ、危いことです。

言行不一致の危うさ

私たちの文化にはさまざまな形がありますが、ことばは文化を形作る力の一側面で、人格と思考に影響を与えます。ことばが実体を伴わない文化に私たちは生きています。口に出しても実生活で具体化されていないことばは、検証されず、大変危険なものになりえます。日常はことばで溢れています。ソーシャルメディアで耳当たりの良いことばを聞くと、普通はこの人は良い人なのだろうと想像します。逆に、そう思えないと、対面ではまず言わないひどいことば、侮蔑やいじめのことばを放って、神のかたちに造られた人を殺してしまう可能性もあります。私たちは、ことばの文化の力を増大させています。次のことばをお聞きください。

「今日、この国を導いているのはキリスト教である。私はキリスト教を滅ぼそうとする者たちといかなるつながりをも持とうとは思わない。…我々はこの国の文化を再びクリスチャンの精神で満たしたい。文学、劇場、芸術、メディアにある最近の不道徳の影響力を一掃したい。…要するに、過去何年間に行きすぎた自由の結果として我々の文化と生活に侵入してきた不道徳の毒を焼き尽くしたい。[2]」

字面通りに読んでみてください。心に響くものがあるでしょうか。これを聞いた人の感想が残っています。「ここ数年間私が探し求めていたものをものの見事に言い表してくれた。彼は私の願いを表現してくれた最初の人だ。[3]」多くの人は同じように言うのではないでしょうか。この演説を聞いて大変共感すると言う人は無数にいます。

右のことばを語ったのは実はアドルフ・ヒトラーで、感想を残した人はそれを１９３３年にヨーゼフ・ゲッベルズに伝えました。ゲッベルズは、ヒトラーの思想を宣伝した閣僚で、それも有能な人でした。ヒトラーのことばは、キリスト教信仰と道徳に促されたもののように聞こえます。聴衆は、こういうことを言った人はそれなりの人物に違いないと思い込みましたが、このことばは欺きを隠していたので、その結果、演説者の真の姿を知らない聴衆は自分たちが求めていた約束を聞きましたが、それが実現することはありませんでした。実際には、数百万人もの人々が殺され、国々は破壊され、邪悪は何世代にも影響を残しました。演説は、第三帝国がよく理解していた期待を抱いていた聴衆を操作するために語られたのです。ヒトラーは故意に民衆を欺いて味方につけ、忠誠と奉仕を求めました。一般民衆からだけでなく、ドイツの教会からもそれをとりつけました。巨大な悪を身にまとい一見輝きに満ちたことばが、影響されやすい民衆に向けてたくみに語られたのです。

悪を隠すためのたくみなことばは、小児性愛者が無垢《むく》な子どもをグルーミング（手なづけ）し引き入れるのに使うのと同じ強力な手法です。「お前はいい子だ、パパに喜ばれたいだろう？」もちろんです。しかし、虐待の場面で恐ろしい魂胆が隠されています。

「なあ、おい、親父は酒ばっかり飲んでてウチに帰ったってつまんないだろ？ おじさんと少し楽しいことしないか？」父親の優しさに飢えている少年に向けた一見理解のありそうなことばです。いたいけな幼心を食い物にする鉄の牙《きば》をカモフラージュしたことば…。ネグレクトや虐待家庭から逃げて路上生活をしている少女に、売春斡旋者《ばいしゅんあっせんしゃ》はそういうことばを投げかけます。「お姉さん、キレイだねぇ。どう、そこらで食事しない？」人身売買業者は、食べるにも事欠く家族に言い寄ります。「俺に子どもを貸してくれないかな、割りのいい仕事があるよ。なあ、お前も親を喜ばせたいだろ？」あるいは組織内の虐待事件を隠蔽《いんぺい》するためにこんなことを言います。「彼は腕の良いコーチで、おかげで学生が集まり、学校も助かっている。ちょっとしたミスで失いたくないだろう？」ジェリー・サンダスキー*のしたことは、ちょっとしたミスなどではありません。[4]

私たちは自分の心の願いに応えてくれる耳ざわりのよいことばに安易にだまされます。ことばの真実を証明する人格を信用するからではなく、聞いたことが本当であってほしいと願

＊　元ペンシルバニア州立大フットボールチームのコーチで、指導していた選手たち多数に性的虐待をした容疑で有罪確定、収監中

うゆえに、それを本当と信じ込む間違いを私たちはよくします。疑問を抱かせる気配があっても、自分の聞いたことが本当であってほしいと願うために警告を否定します。それで、親はセラピストを、信者は牧師を、学生は教授を、男女はお互いを、少年少女は小児性愛者を、そして国民は政治家を信用します。立派なことを言っているゆえにです。しかし体裁の良いことばは、悪い中身、悪い目的、悪を隠せます。

試しに、こういう演習をしてみましょう。左の単語を一つずつ読み、心の中（もしくは紙上）に連想するものを思い浮かべてください。単語を読んで最初に浮かぶものをです。たとえば、私が「愛」と言ったら、良いもの、大切、必要というふうにです。ではどうぞ。

ゴールがある
秩序がある
効率的だ
生産的だ
すばらしい
統一感がある
無駄がない

創造的だ
目的がある
一般的に良いことばだと思いますか、悪いことばだと思いますか？　これらの要素を持つ個人・グループ・組織は大きなことを成し遂げるでしょうか？　もちろん成し遂げるでしょう。これらの特徴を持つ人をあなたの家庭、会社、組織にも欲しいでしょうか？　欲しいと思います。

では、私がこれらすべての特徴を持つ計画を持っているとしましょう。案を実現する計画を考え、組織を作り、創造的な計画を立て、自分でもすばらしいと思いました。お金を節約し、利益も出ます。良い目的に向けて多くの人を助けます。計画の実現に向けて動き始めます。時間を使い、財を使い、汗を流して目的達成のためにエネルギーを使います。子どもたちにもそうするように教えるでしょうね。

しかし、あなたが私の周囲を見ると人間の汚物で囲まれている。汚物でレンガを作り、建物を建てている。デザインは美しい。節約にもなる。なぜなら下水管は不要だから。贅沢もしていない。貧しい人たちの住宅を用意している。雇用を創り出し、短時間に大きな結果を出し、すばらしいシステムを作っている。すばらしい企てです。自ら汗を流し、どこをみても明らかな目的があって創造的。どこがいけないのでしょう。右のリストはすべて実行していて嘘はありません。しかしあなたは顔をそ

むけます。へどが出るようなアイディアですが、私がそれをどう具体化するかを知るまでは良いもの
に聞こえたでしょう。私が挙げたことばの中にはひどいものをうかがわせるものはなかったのですが、
材料は、誰もが捨ててしまう、危険でおそらく病原菌だらけでおぞましいもの。すばらしいプロセス
を謳うことばは良くても、目的を達成するための中身が悪ければ、良いものとは言えません。

神の栄光のために教会を建てあげるというような聖書的なことばを聞くと、クリスチャンなら文句
のつけようがありません。しかしその材料が、傲慢、威圧、不当な攻撃などなら、結果はおぞましい
ものです。聞こえの良いことばをどう肉付けするかは大切です。

あのリストをもう一度見てみましょう。ゴール志向である、秩序がある、効率的、生産的、すばら
しい、統一感がある、無駄がない、創造的で、目的がある。

さて、これらのことば通りのプロセスで、まともな材料で作るとします。材料は良く、それ自体に
価値があるとします。今度はどうですか？ 人材を効率に用い、材木を使います。強さ、尊厳、健
康、純粋、秩序を保ち、生活を向上させるという良い目標に向けて、生産的に働けるようにして
彼らが一致し、秩序を保ち、生活を向上させるという良い目標に向けて、生産的に働けるようにして
います。いいですね。実は、世界最大の絶滅収容所アウシュビッツの建設を描いたのです。「でも…」
とおっしゃるでしょう。「ナチの目的は良くはなかった」と。何百万人をも虐殺したことを言ってい

るのなら、その通りです。しかし、本来の目的は公表されませんでした。ヒトラーは、ドイツ人にすべてを明らかにしたのではありません。目的は、家族社会に害を与える毒を取り除き、食料を確保し、雇用を促進し家族を繁栄させることで、尊厳と栄誉をドイツ人に取り戻す。どれも立派なゴールです。しかし、全体を支配しているゴールは口にされませんでした。つまり、無数のバラックとアウシュビッツに焼却炉を建設し、そこで百万以上もの人々（内部文書では材木でも数えるように「〜本」と呼ばれた）を絶滅（「解決」と呼ばれた）することでした。ヒトラーは、不要な「物」の解決法を見つけたのです。

自由、秩序、保護、仕事、愛など人の願うものを実現してくれそうな約束を人はことばにします。どんな虐待者も「レイプしてやるからこっちに来い」などと言いません。「お前をなぐってやるから結婚しよう」「僕に一票入れてください、だましてあげるから」などという候補者はいません。どんな牧師やカウンセラーも「お話をうかがいます、そしてセックスしましょう」などと言いません。「愛していますよ」「あなたを守ります」「助けになりたい」「あなたを大切にします」などというのです。キリスト教界で私たちは、信仰深く聞こえることばを用いて、利己的な動機やさまざまな種類の虐待行為を覆《おお》い隠し、神の名のもとに数限りない害を与えているのが実情です。

ことばと人格

ことばは、人格をそのまま表すものです。そのような人を「誠実(英語でインテグリティー)」と言い、原義は「健全な」とか「一貫性がある」、また「変化や分裂や裏表のないこと」です。ヤコブ1章7節で、光である神には移り変わりや影のようなものはないと言っています。私が、自分を安全な人間ですと言ったとしましょう。しかし長期間にわたり、さまざまな場面でその通りであることを実証しない限り、ことばそのものに何の意味もありません。ことばが信用を得るのではなく、安全を目に見せることで信用が得られます。現代は、影響力のある人たちが聞こえの良いことばをネットで流す時代です。ところが現実には、そのことばが嘘以外の何ものでもないことが分かることが珍しくありません。

肉体を持たれた神イエスのことを考えてみましょう。まず、神はことばと人が一つになると明らかにされました。ことばと人の間に不一致があってはいけません。ですから神のことばは、その本質から語られます。ことばは物事を隠すためではなく、明らかにするためにあります。私たちが存在する前から、神のことばとそのご性格は一致していました。

第二に、イエスは肉体をとられた神で、私たちと共に住み、神が実際にどういうお方か分かるように神のご性格を表されました。神は「わたしは避けどころです」と言われ、イエスは腰を下ろし手を伸べ、「子どもたちを私のところに来させなさい」と言われます。神は「わたしは光です」と言われ、イエスは盲人の目を開き、苦しむ心の痛みをやわらげ、私たちが永遠の真理を理解できるように分かりやすいたとえを使われました。神は「わたしはいのちです」と言われ、イエスは少女ややもめの息子や死んで三日もたっていた友をよみがえらせました。神は、「すべての人はわたしのかたちに造られているから、尊厳・尊敬・愛を受けるにふさわしい」と言われ、イエスは、嫌われた民族の女性（劣った性の）、かつ不道徳なサマリヤの女性と向き合い、価値ある大切な者として扱われました。ことばは本来そのような働きをするものです。神はことばを語り、それを誠実に実行され、ことばと実体は正確に付合します。ことば・人間界で実行するプロセス・結果、その三つが調和します。それなのに、神の民が神のことばを使って神が憎まれることをよしとするとは、どういうことなのでしょうか。

　私たちの周囲には、決して実行するつもりがないあらゆることを約束する大きな組織や団体が山ほどあります。そして信用を得るためにしばしば神のことばを用います。間違いを覆い隠すのに嘘を言うのです。その間違いが人命に関わることを知りつつも。自分もだまし、「自分のしたことなど大したことでない」などと言います。私たちは人の聞きたいことを話し、自分の欲しいものが手に入るようなことを言い、自分の生活が乱されるようなことは話したくないので黙りこむのです。裏表があり、誠実ではありません。考え、感じることとは違うことが口から出る。ことばは私たちの思考の主な道具です。何かに名前をつけ、処理し、判断し、または仕分けするのに頭の中で随分と時間をかけてことばを用います。間違ったレッテル、欺くことば、嘘など、実際には口に出されないことばでさえも大きな害を及ぼします。まず私たち自身を害し、その害が生活の中で増殖します。ことばは人間関係を構築する主な道具です。関係を築き、つなぎ、癒やしもすれば、人をおとしめ、あやつり、関係を壊しもするのです。自分に対して言うことばと人に言うことばが正直で良いものでなければ、私たちは人も自分も傷つけます。会話であれ思いであれ、私たちのことばは、肉体をとられたことばであるお方と書かれた神のことばとに従わせなければなりません。聖書と生けることばであるお方から学ぶことなしには、自分のことばも人のことばも正しく判断する方法は私たちにはありません。

私たちが自分中心で、傲慢で、権利のみを主張し、ことばで欺くので、人と人は仲違《なかたが》いし、人間性を失いました。いと高き方の子である私たちは、政治、経済、人種、性別、宗教、教派、学歴、職業、国籍など地上のカテゴリーで尊い人間を格付けしてしまったのでしょうか？　そのようなカテゴリーで人と人の間を隔て、退け、断罪し、垣根を作ってきたのでしょうか？

そのような分け方は人の本質からはほど遠く、罪を犯させやすくしています。明らかに神の視点ではありません。それらに支配されることは、ユダヤ人、異邦人、サマリヤ人、ローマ人と関わり、貧富の差、宗教の違い、性の違いを問わず、すべての人を両手をあげて真心から迎えられたイエスの生き方とは違います。私たちはこの世の基準に簡単に影響され、一瞬にして対応を変え、自分と違う人は存在しなくて良いとさえ考えることもあります。人からレッテルを貼られると、負けてはならじとレッテルを貼り返します。私たちの社会でなされる言動には、クリスチャンとして同意できない事柄が多くあります。ただし、賛成できない人も人間として尊重すべきであり、それが神の御心です。どんな人にも適用できる基本原則は、その人が神のかたちに造られ、神の手で母の胎内で組み立てられたという考えです。私たちの生まれ育った文化から何を教えられようとも、この真理が他のすべての上に来なければなりません。

人を人として扱わないようなことばづかいと言いますが、これはひとごとではありません。教会の中を考えてみて下さい。彼らの神学は間違っている、礼拝についてのその考えが間違いだ、優先順位が違う、私たちの教会こそ聖書的だ、などと言われています。好き嫌い、自己陶酔、また自己中心から、人と距離を取り、レッテルを貼り、同じ人として付き合いません。もし信じられないなら、ソーシャルメディアで、クリスチャンが他のクリスチャンをばかとか邪悪だとか、あらゆるレッテル貼りをしているのを見てください。聖書の解釈には避けられない意見の相違はありますが、その聖書がお互いにどのように接するべきかを教えていることも忘れてはなりません。他の信者をゴミか何かのように見下げたりけなしたりレッテル貼りをすることはとんでもないことで、神のみ心を痛めています。真理を主張すること自体はよいのですが、親切に謙遜に相手を重んじなくてはなりません。神のかたちに造られた人に語りかけるのですから。どんなに強い意見を持っていても、品性にまさるものはありません。どれほど聖書的な課題であれ、主張する人の人格が大切です。その人格は、自分の意見を言う時にも他でもないキリストのご人格を表すことができるよう、キリストの御姿に根ざして教えられていることが条件です。

確かにイエスは、当時の宗教指導者たちに向かって厳しいことばを使われました。彼らは死人の骨でいっぱいになった白く塗った墓のようだ、偽善と不法に満ちていると。しかしその目的は何でしたか？　動機は神の愛であり、彼らが光に照らされて自分の真の姿を悟り、ご自分に立ち返ることを願われたのです。厳しいことばの並ぶマタイ23章は、次のように終わります。

「エルサレム、エルサレム。預言者たちを殺し、自分に遣わされた人たちを石で打つ者よ。わたしは何度、めんどりがひなを翼の下に集めるように、おまえの子らを集めようとしたことか。それなのに、おまえたちはそれを望まなかった。」(23章37節)

イエスは、彼らを滅亡の淵から呼び戻そうとしていました。旧約聖書の預言者エゼキエルやエレミヤのように、神の民が、悟り、悔い改めることを願われたのです。意見が異なる他人のために、これほど心を痛める人を見るのは実生活でもネット上でも稀なことです。

私たちが会う人で、どれほど傷つき、無秩序で、また邪悪でも、またどんな神学、どんな礼拝様式、どんな思想を持っていても、私たちの愛する神に造られなかった人は一人もいません。どんな文化、国、教派、街、教会、また家族でも、その視点をないがしろにすることはみ心を痛める早道です。人の作ったすべての隔てを乗り越えて、すべての人に尊厳と愛を注がれた神ご自身は、ご自分と違う人を誰一人見捨てませんでした。さもなければ、私たち全員が見捨てられていたはずです。男と女、ユダヤ人と異邦人、聖なる人と悪霊に憑《つ》かれた人、などという分け方は神にはありませんでした。私たちは自分を造られた神を拒むことで、自分の人間性をこわしてしまいましたが、神はそのようには私たちを扱いませんでした。永遠であるお方が有限な世界に入り、聖なるお方が罪の世界に来られた時、私たちの多くの隔てをまことと恵みをもって越えられたのです。主の御名によって私たちもそうすべきです。

神の子として私たちは、周りに渦巻く敬虔そうに響くことばの数々が、私たちの心の中の生きて働くことばであるお方を沈黙させてしまうことのないよう、このお方を親しく知り、このお方に忠実に従うべきです。ことばは、私たちの神の思いの表れでありたいものです。神の思いとことばが肉体をとられたので、私たちは神がどういうお方かを知ることができました。口にしたことば通りに神は生きられました。人間の考えに過ぎないものを神のものとしていないか、私たちはよくよく注意すべきです。人が口にすることばは、それ自体が嘘ではなくとも、実体がない限り真実なものとは言えないことを私たちは知らねばなりません。

１ George MacDonald, *Unspoken Sermon Series III: Kingship* (London: Long- mans, Green & Co., 1889), 495.

２ Adolf Hitler, "Adolph Hitler Collection of Speeches 1922–1945," Internet Archive, https://archive.org/stream/AdolfHitlerCollectionOfSpeeches1922194 5/Adolf %20Hitler%20-%20Collection%20of %20 Speeches%201922-1945_dj vu.txt.

３ Hitler, "Adolph Hitler Collection of Speeches 1922–1945."

４ "Penn State Scandal Fast Facts," CNN, November 27, 2019, https://www .cnn.com/2013/10/28/us/penn-state-scandal-f ast-f acts/index.html.

第二部

権威乱用《けんいらんよう》

PART 2

Power
Abused

第5章　権威乱用《けんいらんよう》とは

近年、社会のあらゆる分野で、権威権力が乱用された記事や見出しが紙面をにぎわせています。個人ばかりか教会や組織でもそのような例を耳にします。これらはすべて人間関係の問題です。

人間関係を表す英語の「リレーションシップ」の語源は、ラテン語の「レフェーレ」で、意味は「持ち帰る」で、「動作、持ち運ぶ、持ち帰る」などの意味を含みます。人間関係は双方向です。レフェーレには「物語る」という意味もあります。つまり、人間関係は物語なのです。人と関わるとき、私たちは共に物語を書き、物語るために共に人生をつむいでいるのです。

物語に権威の乱用がからむ時、そこには何が起きているのでしょうか。乱用・虐待を意味する英語の「アビューズ」の語源、ラテン語の「アブーティ」の意味は「誤って使う」で、搾取《さくしゅ》・加害・攻撃・

暴力行為・侮辱的ことばなどのニュアンスも含みます。人間関係が何らかの形で虐待的であるなら、そこで描かれる物語は、ねじ曲げられ、誰かが傷付いています。

具体例を考えてみましょう。あなたの住まいは良い環境で、親しみやすく尊敬できる隣人に囲まれているとします。ところが、お隣りが引っ越し、代わりに別の家族が越して来ました。新しい隣人も前のように常識ある方だろうと期待しますが、壊れた自転車や車などを周囲に放置し、あなたの庭にもゴミを捨てる始末です！　苦情を言っても、かえって腹を立てられ、近所にも助けを頼みますが効果はありません。ここは我慢しておきなさい、さわらぬ神にたたりなしだなどと言う人もいます。相談できる所に話しても、できることは何もありませんなどと言われてしまいます。逆に、その人は、あなたから嫌がらせを受けているなどと言い始めました！　見当違いもはなはだしいことです。あなたが嫌がらせをされ、あなたの庭が文字通りゴミ箱扱いされているのに。家も家庭も外見もあなたの気分も外聞も、いいことなど何一つありません。人間関係に何らかの攻撃が入り込むとどうなるかの、これは些細ではありますが一つの具体例です。

たいていの人は、能力を良いことに使おうとします。お金を稼ぎ、教会で奉仕し、良いプログラムを続けたい、評判を悪くしたくはない。アダムとエバは、神のようになろうとしているのだと自分に言い聞かせました。良さそうな目的のために、およそ神に相応しくない方法を使おうとしたことに思いが至らなかったようですが、実は私たちも同じです。奉仕活動でメンバーや収入が増加するのは、神の御心である証拠なのだと自分に言い聞かせます。欺瞞《ぎまん》や虐待など、聞きたくない事実は聞かなかったことにすると決め、もみ消し工作をはかるのが「神の御名を守る」ことになるのだと自らに言い聞かせます。神にふさわしくないことをしていながら、自分たちは神に似たものとなるために力を用いているなどと言うのです。そういう考えに至るのは何ら難しいことではありません。私たちが権力を乱用するだけでなく、その乱用を是認するために用いる方法を考えてみましょう。第1章でもさまざまな権力の種類について見てみましたが、ここではさらに一歩進めます。

体力

これは文字通りの意味です。体重百二十五キロで身長百八十センチ、筋肉隆々で運動神経も抜群の男性は、たいていの人にとって脅威です。体格もさることながら、身体の発するオーラで部屋が狭く見えます。そばにいる人は男女ともに小さく見えます。本人がもし優しく信仰深いなら、頼もしくてボディーガードにぴったりですが、もし暴力的で怒りやすいなら、何か気に食わないことを言った妻のひじに彼が触っただけで、ビクッとするでしょう。このささいな接触が危険信号だと他人は気づきませんが、妻には分かります。夫が機嫌を損ねると、彼は体力にものを言わせ妻はことごとく影響を受けます。

　別のシナリオですが、必ずしも体の大きさとは関係なく、存在感のある人がいます。きらめきとカリスマとエネルギーに満ちた人は周囲を圧倒します。人が一斉に振り向き、エネルギーが感じられ、注意を引きます。そのような力は目には見えませんが確かにあります。そういう力を持つ人が、一つの部署、団体、時には一国さえ動かします。権力は正しく用いることもできれば乱用もできます。

　最初の例のように、人は他人の体力を意識します。体力差が明らかであるなら、自分の弱さはある程度分かります。しかし、自分自身の存在が他者にどう見えているかということに意外と無頓着《むとんちゃく》です。私自身、特にカウンセリングの場で自分が来談者にどう見えているかを意識します。多くの虐待被害者が来られるからです。私はかなり背が高いので、立ち位置や体の動きが圧迫感を与えないよう気を使います。自分自身が人にどんな影響を与えているか、また無意識的に人を操《あやつ》ろうとしていないかを意識することは大切です。人を圧倒したり、あるいは注意をそらす気があろうとなかろうと、私たちが人の存在の影響力を感じると同じように、相手もこちらの影響力を感じています。

ことばの力

　ことばには、セルフイメージを高めたりおとしめたりする力があります。受容的で優しいことばで育てられると、厳しく批判的なことばで責められているより健やかに育ちます。後者は、やる気を失い、口数が少なくなり、自分を守るすべも知らないでしょう。または自分をひどく扱った養育者と同じ性格の大人になるかもしれません。つまり、ことばで人をやりこめることで何らかの力を感じるのです。ソーシャルメディア上でのいじめは十代のうつ症状に関連し、著名人の自死の原因にもなっているという調査報告があります。[1] ことばはたましいを殺し、人命さえ奪うこともあります。

　性的加害者は、ことばを使って手なづけ、だまします。蛮行を隠し、操作するのにことばが使われるのです。ことばは、そそのかし、責め、辱め、ショックを与えることができます。破壊的なことばの力は計り知れません。ことばによる虐待の現実を理解しないことには、その破壊力も理解出来ないでしょう。人の心を実際にねじ曲げ、形を変え、押し潰し、いのちを奪うほどのことばを、私たちは言い分けしたり、過小評価したり、言い換えたりします。ことばは、子どもの自我も大人の自我も壊せます。神が与えた能力であることばを使って、人をコントロールし、操作し、侮辱し、または脅かすことは乱用です。事実、ことばで一生を台無しにすることは難しいことではありません。驚くべきものです。

　一人の大人が家中の者を脅し怖がらせ、誰も逆らえないという状態は、虐待です。夫が妻に悪口を浴びせ、ふしだら、売春婦、バカなどと言うのは、虐待です。伴侶が相手を来る日も来る日も、容姿、育児、なすことすべて、また友達などを批判し続けたら、それは虐待です。親が子どもに、バカヤロウ、役立たずだ、ゴミだなどと言うのも虐待です。子どもがそのような罵詈雑言《ばりぞうごん》を浴びて、どのくらい心が壊れずに耐えられると思いますか？

情緒的な力

ことばの力は情緒的な力と深く関わっています。多くの方は、ある一人の感情に家族や職場のみなが振り回されるケースをご存知ではないでしょうか？　その一日がどうなるか、爆発や決裂を避けるために薄氷を踏むようなはめにならないかと、「～さんの雲行きをそっとうかがう」という経験があるでしょうか？　その場所を支配するのはたった一人の人間の感情です。虎の尾を踏むことがないようにすべての人が努める。これも一つの強烈な束縛の形です。

人の正直な感情を認めずに軽んじるのも、情緒的な力の乱用の一例です。歯医者さんに行くのを怖がる子どもが、その怖がり方をからかわれることがあります。何かを失って悲しんでいるのに、それを軽く扱われて傷つく。トラウマの歴史を持つ人が、まだそんなことで悩んでいるのかと批判される。第一次大戦でトラウマを体験した元兵士たちが、情緒不安だ、気が弱い、士気が低いとされ、トラウマへの反応が、臆病で、人間として失格だなどと判断されました。[2]トラウマについての研究や治療がかなり進んだ今日でさえ、多くの犠牲者は、信仰が弱いとか気の持ちようだなどと言われます。荒れ狂う感情との戦いに悩む人々に対して、悲しいことに、「矯正措置」としてかえって情緒的な虐待が加えられるれるのです。

独裁者になりたい人間、場を仕切りたい人、または略奪者が権力を握ろうとするときは、違った形で情緒的な力が顔を見せます。支配したい対象が何を望んでいるか知るために懸命に彼らは努力します。国家、教会、また個人が、心底から願っていることが実現するという約束のことばに誘われて服従させられます。

時に牧師もこれを行います。「私たちは、世の中を変える教会になれる！」願っていることばを耳にし、指導者に従った結果、悲惨な状況に陥ることが少なくないのです。同じ理由で、結婚願望のある男女は、希望を叶えてくれるような甘いことばを聞いてそれに応じます。戦争の惨禍に疲れ平和と繁栄を願う国が、その強烈な願いを理解し願いが叶うような約束をしてくれる人物に従ってしまう。それがかつてのドイツの教会でした。彼らはキリスト教を保護し、国から不道徳を一掃すると宣言したヒトラーに従いました。教会は、希望を語る人物に従いましたが、それを語る人をよく観察し本性を見抜くことができなかったのです。また、憎しみ、ネグレクト、性的虐待が当たり前の家で育った少女のことを考えてみましょう。14歳で家出し、着のみ着のままで路上にいます。イケメンで見栄えの悪くない男性が声をかけてきて食事に誘う。美人だねとほめられ、キレイな服を買ってもらう。男は少女の願いに応えるような言葉遣いを心得ています。この人なら信用できると少女は信じ込み、気づいた時には逃げ出した家庭よりも悲惨で虐待される人生にはまってしまう。

情緒とことばで二重に虐待された人は判断力を失い、迫る破滅を予測できません。自分の願いと語りかけられる美辞麗句を都合よく解釈し、言い寄ってきた人がまともな人だと信じ込んでしまいます。

知識、知性、能力の結合

知識、知性、能力の三拍子が揃っていれば、その指導者は権力を振るうことができる相手に対して無制限の権威を、時にはやすやすと権威を振るう可能性が高まります。例えば私の持っている情報がより豊かで、もっと頭が良く、もっと能力が高ければ、ある分野ではさらに権力を持てるでしょう。

車の修理工のことを例に取りましょう。修理工には侮れない力があります。お客様の車のある部分が壊れていて修理が必要ですよと言われたら、私はなんと答えるでしょう？「で、修理代は？」見積もりを聞いて私は気が変わるでしょうか？　いいえ、車は通勤に不可欠ですし、詳しい説明を聞いても、どうせ半分も分かりません。幸い、我が家はもう二十年同じ修理屋さんに頼んでいて、信頼できる人だと分かっています。私に車についての知識、知性、能力がないので、任せる以外にありません。

権威ある立場の人を信用しやすい理由は、知識、知性、能力を持った人は信頼できるに違いないと私たちが思い込んでいるからです。ところが常にそうとは限りません。知識、知性、能力を備えた人が権力を乱用することがあるからです。

ラリー・ナッサー(Larry Nassar)という若い体操選手専門の医師は、「特別の知識」があり、トレーニング中の選手の怪我の治療にあたるにふさわしいとされていました。治療のために何十人もの少女が診察を受け、彼には診断と治療をする技術がありました。ところが、ナッサーは同時にスポーツ史の中でも最も悪名高い小児性愛者でもあったのです。婦人や少女が、ほぼ二十年間虐待の被害を思いつく限り当局に訴えていたにもかかわらず、高名のために人格者であるとされ、加害行為が疑われなかったのです。[3]

知識の権威は、神学また霊的な分野にも適用できます。神学の学位は、「神学的な権威」を与えます。人々は、先生は博識だから、神について人間について、また結婚、子育て、職業、お金の使い方までも教えてもらおうと思います。しかし牧師は、信頼できると決め込んだ人々を迷わせ操るために、聖書を誤って教えたり文脈を外したりすることがあるのです。多くの人は、彼を神に代わって語る人だと受け取るため、牧師の権力は増します。事実、牧師本人がそう言うこともあります。そのため、男性牧師が婦人に向かって、「暴力を振るうという夫のところに帰って、よりよく愛するように」と助言すると、彼女は「分かりました」と答えます。婦人は、牧師の神学的知識を信じ、また神に代わって語る権威だから正しいと受け入れます。そのようなひどい助言のために、殺人に至ったケースさえあるのです。

知識と知性と能力の３点セットは強力で、当人がそれに値するかどうかはともかくとして信用を勝ち得ます。ラリー・ナッサーは医師、ジェリー・サンダスキーはコーチ、そしてビル・ハイベルズは牧師でした。彼らは、弱い立場の患者、選手、また教会員を排除、解雇、公に侮辱また追放することができる立場にいました。事実を隠し、人をだまし、事実を言い換え、周囲を振り回すことができました。

知識と知性と能力に関連した力がどういうものかを知りたいなら、「医者が言うには…」とか「上司が言うことには…」とか「牧師先生が言っていたけど…」などと言う人のことを注意して聞いてください。専門家の言うことは信用できるという前提なのです。知識と知性と能力は信用を勝ち得やすいのですが、その人格まで保証はしてくれません。

経済力

お金、財産その他の資源は、権力と深く関わっています。経済力は、ある程度の安全と快適な暮らしを約束するし、また現にもたらします。同時に、人を支配し、操り、脅すためにも使えます。財力・

資源は武器にもなります。

デニースは結婚して二十五年で、子どもを三人授かりました。夫は裕福でしたが、ことばでも情緒的にも肉体的にも経済的にも虐待する人でした。財布も完全に握っていました。家を含む「彼らの」多くの財産、当座預金、普通預金もすべて夫の名義。二人の名前で使えるクレジットも自由には使えず、引き出す額にも厳しい制限がかけられていました。誰かが利用明細表を見ても、彼女の名前の記録は事実上なかったでしょう。彼女はいないも同然でした。その無力さは信じられないほどです。お金が使えないので、命の危険を感じても逃げることさえできない状態でした。

経済的な虐待は多くの家庭にあります。力を握っている方は、財力でどれほど極端な要求でも通そうとします。この種の虐待は、高齢者にも信託資金の管理を他人に任せている人にも起きます。資金が盗まれ、動かされ、遺言書が勝手に書き換えられます。親や祖父母や伴侶から屈辱的で支配的な資産運用をされ、人の意のままされていると感じるという相談を受けたことがあります。パートナーがヒルのようにお金を吸い取るのも経済的な虐待です。よく求職中だなどと言うのですが、実は何もせず、それが何十年と続くこともあるのです。結婚前に遺産を相続していて裕福だった人が、結婚相手が単なる遺産目当てであったことに気づかないこともあります。暴力もそうですが、さまざまな形の経済的虐待は違法です。

財産をどう運用するかには人柄が表れます。ブラックな職場では、お金を理由にとんでもない長時間労働が強いられます。友達同士でも、片方がいつも支払いをし、対等ではなく経済的にバランスが取れず、裕福な方が相手を良いように動かし辱しめているということもあります。

力とセックス

性的な虐待についてはすでに拙著が二冊あり、自分でも数えきれない講演をしているので簡単にまとめるのは大変です。[4] 人の性は人間の最も弱い側面で、ゆりかごから墓場まで続きます。人の本質や親密さと切り放せない関係なので、受ける被害も大きくなります。

性的虐待とは、ことば、視覚、肉体接触によるかを問わず、一般的に同意の伴わないすべての性行為と定義されます。子どもの犠牲者は、未熟で性行動を理解できないため、同意は不可能とみなされます。大人について語る際、何をもって同意とするかが大切です。第一に、同意には選択能力がなくてはなりません。病院のベッドで麻酔をされている場合、明らかに選択能力はありません。前章で紹介した酩酊した女性の場合、選択能力はありませんでした。あなたの人生が、長年の性的虐待、暴力、暴言、薬物、またはアルコールで麻痺させられていた場合、選択の能力は踏みにじられてなきものとされたのです。第二に、同意とは、安心してノーと言えることです。あなたが五歳で相手が四十歳の場合や、相手にあなたを解雇する権威がある場合や、あなたを孤独に陥れる力がある場合などは、同意が伴うことはあり得ません。安心してノーと言えないのですから。

ことばによる性的虐待とは、性的な脅迫、体についての性的なことば、みだらなことば、いやがらせ、きわどいコメントなどです。曖昧《あいまい》なものもあります。それが巧妙だと、被害者は混乱して、言われたことが不適切なのかどうか判断できなくなります。性的・誘惑的な言い回しは、親子、教師と教え子、牧師と教会員、コーチと選手、雇用者と被雇用者間であってはならないことです。

視覚による性的虐待は、ポルノ制作、ポルノ使用、露出狂、のぞきなどを含みます。

身体的性的虐待とは、同意のない性交、オーラルセックス、肛門セックス、指の挿入、人前での自慰行為、他人の自慰行為、胸や性器を触ることなどです。

性的な虐待は驚くほど満ちあふれています。少女四人に一人、少年六人に一人が十八歳までに被害に遭っているという統計があります。[5] 性的虐待の被害は報告されないことが多く、全体像は分かりません。家庭、教会、学校、サービス業、病院、キャンプ場、老人ホームで、また自家用車や公共交通機関、医師の診察室、教授の研究室、コーチの事務所などで起きています。

性的虐待被害者の告白を喜ぶ人はいません。被害者はもとより、援助を求められた人もためらいます。誰も踏み込みたくない領域です。道の向こう側に逃げ去り、自分は正しい理由でそうしていると自らに言い聞かせます。イエスのたとえ話にあるように、そのような反応は多くのことを語っています。虐待行為は、被害者ではなく、加害者の心を語っているのです。助けを求める被害者は勇気があります。

ある物語

ケニー・スタブルフィールド氏は、映像制作の仕事に携わっています。牧師による性的加害の被害者で、同じような被害者の代弁者もします。[6]本人同意のもとに、その体験を紹介します。

ケニーさんは子どもの時から教会生活をしていました。家でも教会でも、イエス様に愛されイエス様を愛することを教えられました。愛情深い両親でした。

協力牧師とつながりができたのは、十六歳でした。牧師は大学生の年齢で、教会の友達同士が仲違いするような言動をわざとしました。少年たちを自宅に招き、明らかなえこひいきをしました。ケニーは、自分が牧師に選ばれ、受け入れられていると思いたかったのです。ある日それが起きました。牧師から、うちに一晩泊まって行かないかと誘われました。二人は、牧師の寝室のそばの奥まった小部屋で時間を過ごしました。彼はテレビのチャンネルを選び始め、「たまたま」ポルノ番組のところで手を止めました。牧師は驚いたように見えたものの、すぐにはチャンネルを変えませんでした。ケニーには分かりませんでしたが、手なづけ《グルーミング》は始まっていました。

ケニーは、寝るのはソファーでいいと言いましたが、それはダメだと言われ、居間の方はと聞いても、またダメと言われ、牧師はウォーターベッドで一緒に寝ようと言い張ります。夜中に協力牧師の手が局部に感じられてケニーは目を覚ましました。偶然だろうと思ってその手をずらしましたが、違いました。その手は一晩中離れなかったのです。大抵の人はそうでしょうが、ケニーはパニックを起こし、凍りついたのです。もう眠ることはできず、これは自分のせいなのだと思いました。よくあることです。黙っているのが最善、人は牧師より自分の言うことを信じるとは思えないと思いました。(それは当たっていました) 一年後、友だちと話していて、その人も虐待されていたことを知りました。その後、別の少年も同じ目に遭っていたことを知って、ケニーは協力牧師の上に立つ責任者に、自分ともう二人の少年が協力牧師から性的加害を受けたことを伝えました。ケニーのことばによると、「それは悪夢の始まりに過ぎませんでした。[7]」

加害をした協力牧師の上司は、「彼ら」が、「自分の」奉仕を台無しにしていると言って、虐待行為を報告した被害者らに腹を立てました。協力牧師は解雇されましたが法的な手続きはなされず、被害者へのケアもなく、加害者について公に警告が出されることもありませんでした。主任牧師の言い放った最後の一言は、その後の二十年間ケニーに付きまといました。「信仰を守っていきたいなら、黙っていなさい[8]」

数年後、三人全員が、被害について主任牧師に手紙を書きましたが、返事はありませんでした。かえって牧師は弁護士に相談し、教会の指導者たちは、虐待はなかったと講壇から真っ赤な嘘をつき、真実を隠しました。

それでもケニーは諦めずに今も信仰生活を送っています。虐待の事実と隠蔽工作を光の下に照らし出し、加害は加害であると正しく呼んでいます。真実・正義・公正を求めているのです。彼は虐待被害者の代弁者になり、また性的加害者を守ろうとする人々についても、真実の声となっています。ケニーは、反対側を通り過ぎていくのではなく、むしろさらに弱い者、傷を負った者がいないかと探しています。ケニーと彼が支援している方々に起きたことは悲しいことですが、彼の生き方、勇気、その発言に私は敬意を払います。

最後に

多くの人は、複数の虐待被害に遭い、それも同時に悩まされることがある、と心に留めておくのは重要です。性的に、ことばで、情緒的に、また豊かな学識ゆえに、信頼を置いていた人から虐待されることもあります。もちろん被害は何倍にもなります。助けを求めたために、さらに虐待に遭うなら最悪です。被害者を黙らせるためにことばや情緒をもって虐待し、加害者を守るために権威を乱用するなら、弱い立場にとっては壊滅的結果にもなり得ます。複合的な虐待は致命的な津波のようなものです。キリストのからだを構成する内部の人がこれらの虐待を犯し、神の名を用いて「道の向こう側に行ってしまう」のは、率直に言って言語道断です。

ここで紹介した権威の様々な領域をもう一度振り返って考えてみましょう。

ケニーさんの話で、どのような種類の権威が乱用されたのでしょうか？　実は財力も含め、すべてが関っていました。なぜなら、教会による隠蔽の動機の一部は、彼らの資産・経済を守ることにあったと推測してまちがいないでしょう。また今までに取り上げなかった二つの種類の権威、霊的権威と組織的権威も含まれますが、これはのちに取り上げます。このような人生を変えてしまうような虐待の津波のような重荷を思春期の子に負わせるのです。それもキリストの名による「助け」という名目です。本当は腰を低くして、ケニーの重荷を共に担うべきところを、逆に重荷を増やしてしまうとは…。ケニーさんの人生は、教会にとって言わば警報であり、謙遜に悔い改めるようにという招きです。彼の後の人生は、私たちが自らの姿と真っ直ぐに向き合うために神に尊く用いられています。ぜひとも耳を傾けたいものです。

１ “Bullying, Cyberbullying, and Suicide Statistics,” Megan Meier Foundation, June 5, 2019,https://meganmeierfoundation.org/statistics.

２ MaryCatherine McDonald, Marisa Brandt, and Robyn Bluhm, “From Shell- Shock to PTSD, a Century of Invisible War Trauma,” *The Conversation*, April 3, 2017, http://theconversation.com/from-shell-shock-to-ptsd-a-century-of-in visible-war-trauma-74911.

３ Kerry Howley, “Everyone Believed Larry Nassar: The Predatory Trainer May Just Have Taken Down USA Gymnastics. How Did He Deceive So Many for So Long?,” *The Cut*, November 19, 2018, https://www.thecut.com/2018/11 /how-did-larry-nassar-deceive-so-many-f or-so-long.html.

４ Diane M. Langberg, *Counseling Survivors of Sexual Abuse* (Maitland, FL: Xulon, 2003); and Diane M. Langberg, On the Threshold of Hope (Carol Stream, IL: Tyndale, 1999).

５ “Sexual Assault in the United States,” National Sexual Violence Resource Center, https://www.nsvrc.org/node/4737.

６ Abby Perry, “Prophetic Survivors: Kenny Stubblefield,” *Fathom,* October 22, 2018, https://www.fathommag.com/stories/prophetic-survivors-kenny-stubblefield.

７ Perry, “Prophetic Survivors.”

8. Perry, “Prophetic Survivors.”

第6章　組織と権威

権威を乱用するのは個人だけだと多くの人は思っていますが、実は組織も虐待します。家族・政府機関・学校・教会・宗教団体・政治団体・社会福祉団体などが、守るべき対象への虐待を許しているなら、それは組織が虐待しているのです。虐待行為が組織のトップの個人によるときでさえ、予想される脅威に対して組織を維持するために行為が続いている可能性があります。

組織とは何でしょう。それは一緒に働く人の集合で、複雑に統合された仕組みです。機械で言うと電気掃除機も一つの組織です。すべての部品はゴミを吸うためにあります。投資システムでは、すべてが富を生み出すために動きます。組織はまた、全体が働くことを説明している一連の教義・原則とも言えます。世界中の教会が1974年ローザンヌ誓約の旗印のもとに集合した時のようにです。組織系統は、それが機械であっても、一般的には集団のために作られています。

英語のシステム（組織）は、ギリシャ語の「共に」と「立つ」と言う二つの単語の合成です。人の組織は、明らかに良い目的のために「共に立ち」ます。すでに申し上げたように、虐待（アビューズ）は、「誤って用いる」「間違って使う」と言う意味です。ですから、人に奉仕すべき組織が、神のかたちに造られた人々をないがしろにし、価値を認めず、傷つけ、消耗《しょうもう》させ、非人間的に扱うなら、それは組織的な虐待です。尊厳・活気・創造性・生産性が失われています。このゆがみの結果、共に立って働く組織の部分部分が、人ではなく組織に仕えることになります。

建前上は良い目的のために統一されている組織の中で、組織的な虐待が起きる時、実際に支配しているのは表面に掲げられた理念ではありません。組織の構成員によって虐待行為が犯される時、その行いは、組織自体の、外には隠れている根源的な特性により助長されているに違いありません。言い換えますと、虐待の起きやすさは組織構造の潜在レベルに組み込まれています。虐待に対して信仰者が求められることは、ゆがめられた神のかたちを回復すると言う修復的行動です。

実例

組織の虐待とはどういうもので、一つの組織のさまざまな部分がどのように虐待行為に加担しました維持しているのかをよりよく理解するために詳しく見ていきましょう。ビルマ（現ミャンマー）のことを考えてください。この国は、暴力的で不当な利益を求める圧政に長年支配されています。この国の虐待被害者である個人・家族・共同体・教会に私は何十年も協力しました。ビルマでの経験は、国民全体が虐待されるケースを目撃した最初のケースです。支配者の将軍たちは、国民をコントロールするために、弾圧・蛮行・暴力・威嚇《いかく》・横暴・隔離などを行い、成果を出しました。

ビルマ人のある男性が指導者の策略の一例を語ってくれました。ある朝、目が覚めたら、最高司令官の気まぐれで、国中の道路で反対側を運転するようになっていたことを知らされたそうです！　その結果、事故が増え、この布告は短期間で撤回されねばなりませんでした。また、引退後にビルマ人はみな月に10セント相当の年金を受け取りますが、その年金を受け取れる唯一の銀行に行くのに20セントのバス代がかかるのです。無意味な強制労働もあります。男女が道のこちらからあちらへ大きな石を運ばされ、終わるとまた元に戻すのを目撃しました。これらの多くの虐待は、組織的な虐待を構成する弾圧・マインドコントロール・目的意識の喪失・言論統制・人間関係の破壊・人権蹂躙《じゅうりん》などを例証しています。組織があまりに強力で支配的なために、外部の人には政府が狂ったかのように見えます。そこで服従するとは、こんな事柄が合理的だという妄想を受け入れることです。国民の意志は繰り返し砕かれ、選択肢は除かれ、精神は麻痺させられ、信頼は裏切られてきました。革命評議会は、神のかたちに造られた人々をほとんど跡形がないほどまでに無惨に破壊してきました。ナチ帝国と同様にミャンマーは極端な例ですが、明らかには見えにくい組織的な虐待を理解するのには役立ちます。

多くの米国人男性が、少年時代に入隊したボーイスカウトで被害に遭ったと証言しました。最近のニュースによれば、一万二千人のボーイスカウト隊員が約八千人の容疑者の手により性的に虐待されました。[1] この団体の建前は、「青少年の優れた人格を形成し、…健全育成に寄与する」ことです。米国で最大規模の青少年団体の一つで、良い働きもしてきました。高い理想を掲げた団体でも、組織的な虐待に手を染めることはあります。米国ボーイスカウトによって1920年代からいわゆる倒錯《とうさく》ファイルと呼ばれるものが保存されていました。[2] このファイルによると、当団体指導者と関係組織（警察署長、検察官、牧師）が共謀して当団体のために虐待を隠蔽《いんぺい》してきたことが分かります。団体の建前と正反対のことを複数の組織が共謀・実行していたのです。

腐敗はトップから始まっていました。虐待に対する本部の許容的な態度が指導下の隅々にまで浸透し、権威者の選択が下部組織にまで行き渡ってしまいました。青少年の優れた人格を形成するために発足したはずの組織が、正義を守り信仰を旗印にする組織と結託し、不道徳で倫理に反し不正な選択をしたのです。明らかに、建前ではなく、組織を守るという隠れた目的が団体の行動を支配しました。米国ボーイスカウト連盟は自己崩壊していきました。非倫理的で不道徳な選択をすることで倫理的で道徳的な組織を守っているのだと信じ込んでいました。

本書の執筆中に、ボーイスカウトについての新たなニュースが飛び込みました。虐待問題専門の弁護士であり、虐待被害者の代弁者でもあるピーター・ジャンシー氏の発言です。「虐待被害者が受けた被害を告発する率はかなり低いとする文献、加害者の再犯率の高さ、そして虐待行為を軽くみて隠蔽《いんぺい》してきた組織であることなどに鑑《かんが》みて、ボーイスカウト虐待被害者の総数は十万人を超えると私は推定している。[3]」

同時に、近年、宗教団体内の組織的虐待のニュースを聞いて心が痛みます。カトリック・プロテスタント・ユダヤ教・イスラム教・モルモン教などは、神に栄光を帰し忠実に仕えるという建前を掲げますが、多くの宗教組織が虐待行為を隠し、否定し、逆に加害者を守ってきました。多くは「神の働きを守る」ためですが、実際にしたことは、本来の受益者である人間を守るのではなく、組織を守ることでした。

教会・学校・児童養護施設また信仰を基にする団体が、組織・権力・地位・財産・民族・人種などを守ったのです。大きな組織・教派・協会などの悪は、より小さい組織である各個教会や家族に影響を与えて感染するので、教会指導者が率先して虐待したりDVや性的虐待を容認したり見て見ぬふりをするなら、権威乱用は許されるものとして家庭というシステムにも侵入します。私たちが神のきよさよりも、自分たちの組織に付随する利益を優先したことは明らかです。人という宝ではなく、物質的な宝を守りました。これは結局自らを傷つけたことになり、悲惨な結果は目に見えています。子どもを守らなければ未来はありません。

組織との共謀

切羽詰まった人ほど、すべてを一度に解決してくれるウルトラマンのような英雄を求めます。そのような状況では、管理と巧みな圧力に対しての抵抗が弱まります。英雄を求める気持ちも無理もないのですが、詐欺《さぎ》師に盲従し、指導者の化けの皮が剥《は》がれて初めて自分は騙されたと気づきます。

スターリンからヒトラーまで、カリスマ牧師から威張る父親に至るまで、どんな組織でもリーダーこそ鍵です。リーダーにはたいてい、何らかの権益を得ているトップに近い一群の取り巻きがいます。彼らは組織内で多大な影響力を持つ、支配的な性・人種・民族のインサイダー・事情通・長老会・理事会・富裕な寄付者・教会員などです。地位や権力を守ろうとして動きます。指導者とこの取り巻きは、公けにされた組織の目的のために公然とまた献身的に働きます。しかし、権力と甘い汁にまんまと巻き込まれて、それらを提供する組織の単なる維持に甘んじています。

権力はさほどないけれどリーダーを疑わずに積極的に守ろうとする人々が別の一群です。この人たちは、この団体に属する「我々」は特別で、組織は何が何でも守らねばならないという考えを受け入れています。教会などでは聖書のことばを引用して権威を支え、指導者たちの地位を守ろうとします。これらの教会員は指導者を疑う人々を疎外し、悪いことを指摘したり虐待の訴えを持ち込んだ人々さえ仲間はずれにします。

ルワンダでは、指導者らの大量虐殺プロパガンダが国を「維持する」道だと信じ込んだ人々に該当します。アフガニスタンのような国々では、体制への脅威とみなされていた、教育を求める女性を攻撃した男性です。[4] 彼らは組織の建前を信じて疑わず、その結果、自身の破滅を招き、ひいては自分の発言権・信用・権威を手放すはめになりました。指導者に共謀して服従し、権力者にすり寄り、言われたことに盲従し、組織を守るかのように動きつつ、実は内部崩壊を引き起こしました。

ことばや行動には出なくても、盲目的に同調する人々もいます。悲しいことではありますが、私たちはみな、この種の受動的態度・見て見ぬふり・現実否定をしてきました。「本当のはずがない」などと思うのです。一悶着《ひともんちゃく》を起こすより、波風を立てない方が良いと思うのです。虐待者を「見ない」ことで守ろうとする伴侶は、盲目による共謀者になっています。この国のあちこちで子どもたちは何をされたかも分からずに、「だれかにさわられたの」と訴えていました。それを聞いた一般の信者は言います。「そういうことは教会では起こらない。あの人はいい人で日曜学校の先生だし、そんなことは絶対にしない」真実に向き合わず子どものいうことを信用しないのはなぜでしょう。真実を認めたら、組織に大混乱をもたらすからです。

私たちは、尊敬する大指導者が権威を乱用するなどとは信じません。事実を見ようとしないのは、見たら何らかの行動を起こすか、もしくは行動しなかったという罪責を感じることになるからです。見たくないのは、指導者は間違わないと信じてきた自分の信念と組織の価値を揺るがす恐れがあるからです。

指導者たちは、ことば・説教・教え・約束などを根拠に善人とみなされており、それがすべてなのだと私たちは自分に言い聞かせます。

また、ことが明らかにされた時のことも恐れます。この事実が知られたらどうなるか？　団体の名誉は地に落ちる。さらに、キリストの御名に傷がつく。「これは、主の働きなのだから、私たちがこれを台無しにするわけにはいかない」教会や家族などの組織は神が定めたものだから、いかなる代償を払ってでも守り通さねばならないと考えます。それで事実を隠し、否定します。信じられない、たいしたことではないなどと、自分をも人をも騙します。牧師による性的虐待と言わずに、誤解と言う。不都合で心が乱される真実ではなく、一時の安心感を与える嘘を信じたいのです。責められている人を庇《かば》い、組織を守る。濡れ衣を着せたくないなどとは言うのに、犠牲者を守らない誤りについては声高に叫ばない。どのような人間の組織でも弱い立場の者は保護されねばなりません。この原則が適用されないほどの聖なる組織など、この地上にはありません。弱い者こそ声を上げねばならないのですが、弱いゆえに安易に低く見られます。恐れることがなく、自信ありげで組織を維持するのに重要に見える人を私たちは信用します。つまりは権力を信じるのです。

ボーイスカウトの話に戻ります。あの倒錯ファイルが存在するのは誰かが虐待行為を通報した証拠です。そこで、幹部は岐路に立ちました。誠実に対応するのか、それとも闇に葬るか？　彼らは子どもを保護するのではなく、自らを醜聞から守る道を選びました。この決断は犠牲者らが自ら名乗りを上げ始めるまで、数十年にわたって少なからぬ人々を巻き込み続けました。このようなシナリオは、数知れない教会・宣教団体・児童養護施設・クリスチャンの学校で繰り返されました。

キリスト教会では、キリストの御名が傷を受けないようにと、醜聞を耳にしても私たちは否定します。もし誰かが詐欺行為をしている、子どもを虐待している、妻に暴力を奮っている、あるいは団体のメンバーを底意地の悪い仲間外れにしていると言う情報が外に漏れたら、「イエス様の名が汚されるので、それだけは避けねばならない。」イエスの名を守ることの何がいけないのでしょうか？　不敬虔な行為を隠すために敬虔そうなことばを使えるのです。

クリスチャン仲間では、私たちは主の働きをしている、主の働きを守っているなどと言います。イスラエルの民が偶像礼拝をしつつ、「主の宮だ」と繰り返したことを預言者エレミヤが糾弾《きゅうだん》していることを思い起こすべきでしょう。

「あなたがたは、『これは主の宮、主の宮、主の宮だ』という偽りのことばに信頼してはならない。」（エレミヤ7章4節）

神の反応は正義を呼びかけることでした。その道を正しくし、民のただ中で犯されている罪を見逃してはならないと。預言者は病んだ罪深い体制側に神の命じたすべてのことを伝えましたが、組織の反応はといえば、彼は死ななければならないと真理の使者に死刑宣告を下し、その口を閉ざそうとすることでした。それこそ、数々の組織が、反対者・内部告発者・犠牲者を黙らせようとするのです。人を威圧し、沈黙させ、人を人として扱わず、暴力・虐待・腐敗などを隠し持つ組織は、どんなに敬虔そうな建前を掲げていても健全とはいえません。そのような悪を、恐れ・疑い・自己欺瞞などのゆえに見過ごしている組織は、そのままでは致命的な結果になります。

私たちはよくキリスト教の組織（キリスト教界）をキリストご自身と混同します。しかし、いわゆるクリスチャンの団体でも、真理と愛とに満ちていないなら、真に神の働きとは言えないのです。罪・見せかけ・腐敗・真理の否定や歪曲などを許すなら、どのようなことばを使っていようと、それは神の働きではありません。人間として私たちは、他の人の命令・伝統・文化などに従って、生きて臨在される神に聞き従うことを拒むきらいがあります。「これは主の宮だ」とか「これは神の働きだ」など言うこと自体に意味があるのではありません。ボーイスカウトが、青少年の健全な育成に寄与すると言いながら、不道徳な行いを隠蔽《いんぺい》していたことは、組織がもう道徳的ではなかったことの証拠です。不道徳を隠す他の組織や団体も同じです。神の名をいただいていながら、神の教えに似ても似つかない組織の権威に直面させられた方もおられるでしょう。その力には侮《あなど》れないものがあり、一組織全体、ことにその中の人々を私たちが愛し、また私たちの将来にとって大切な人々が多くいる組織と戦うのは容易なことではありません。

ここまで、私たちはナチスドイツとボーイスカウトでの組織の権威を見てきました。米国のかつての奴隷制度、風俗産業と呼ばれる現代の奴隷制度の中にも同じことが起きています。組織は他者を腐敗に巻き込みます。ことにその団体が神の名において良い働きをしている場合は、口を閉じて流れに乗っているほうがどれほど楽でしょうか。神の名において何かをしても、神のご性格を心底から反映していなければ全く神のものではないことを私たちは忘れています。忘れると同時に、神の命令よりも人のことばに忠実になってしまっているのです。

覚えるべき大切なことは、どのような組織でもその本来の目的は、人々が共に立って人を守り、人に仕え、人を愛することだということです。人は神のかたちに造られているのですから。それは、政府・会社・共同体・市議会・部族・家族などを含みます。組織は人のためにあるのであり、人が組織のために存在し、組織に仕えるのではありません。組織が人の主人ではないのです。信仰の有無を問わず、組織はいと高き神、神だけのしもべです。すべての組織は神に服従します。そうなっていないとき、組織はもはや人に仕えてはおらず、神が承認したものでもありません。

神の定めた組織で、このことを誤解している人が多くいます。神が定めたものの一つである結婚のを例にとりましょう。ＤＶが明らかになった時、教会の指導者が虐待の被害者に向かって「イエスの名のために苦しむこともある」などと言って、結婚の神聖を守るために家庭に戻るように指導するかもしれません。ところが、暴力によって結婚の神聖はすでに破壊されています。守ろうとしている結婚は名ばかりで、家庭は安らぎの場ではなく、家族すべてにとっては戦場なのです。

イスラエルの民がその穢《けが》れのただ中にありながら神殿を守ろうとしていたとき、神のしたことは、彼らをその土地から追い出すことでした。究極的に、神殿は組織の中にではなく人の心の中に存在するのであり、神は形だけを維持することはされませんでした。イスラエルは根元から腐り果て保護すべき国民をまさに食い物にしていたときにさえ、国としては神殿という建て物にいけにえをささげていました。神は中身のないものを守ることをされません。組織のまやかしを嫌われ、人の心の中の王国の純粋さを求められます。私たちの属する組織・国・教会・部族・団体などは神の国ではありませ ん。神はその民の心に住まわれるのであり、目に見える構造組織団体がすべて消え去っても、神の民は神を愛し従うようにと召されています。

虐待する組織への対応

では、組織的な虐待に私たちはどう応じるべきでしょうか？　まずは事実と向き合うことです。自分の体の健康のために何をしますか？　体に違和感を発見しました。無視を決め込むこともできれば、体を守るために行動することもできます。その違和感が何か、治療がどれほど面倒で痛みを伴うかという恐れに取りつかれてしまうなら、事実を事実と認めずに健康を崩したり致命的なことにもなりかねません。しかし事実と向き合い症状に見合った処置をとれば、健康を取り戻せます。

組織内の権力乱用を考える際、私たちは虐待・暴力・圧政・不道徳・欺瞞・腐敗という病いを取り扱います。病いを無視しつつ外見をとり繕《つくろ》い、組織を維持するにはエネルギーが要ります。見て見ぬふりをすることとやめ、病気を認め、処置しようとしたら組織を破壊してしまうのではないかと思うかもしれません。しかし、病んだ組織の症状をごまかしても回復にはつながりません。

イエスは強力な帝国に支配された民族の一員として生きられました。ローマはひたすら軍事力で当時の世界を支配しました。その下には多くのグループ、ユダヤ人・異邦人、ツァラアトに侵された人・侵されていない人、男・女、宗教指導者・一般民衆がいました。宗教指導者にも、パリサイ派・

サドカイ派がありました。すべての宗教組織は腐敗していました。人を人とみなさず、人を疎外し差別し、圧迫しました。「我ら対彼ら」という強固な構図がありました。「彼ら」とは、サマリヤ人・ツァラアトに侵された人々*・貧者・女性たちでした。ローマの基準では、ユダヤ人は皆「彼ら」でした。子どもは奴隷と同じくもの扱いでした。乳幼児殺人・遺棄・虐待などは日常のことでした。

神は組織的な虐待に沈黙されずに、まず御子イエスを送られました。彼はこれらの腐敗した体制のただ中に生まれ、生きられました。そして今、神はイエスにおいて組織による虐待に対して声をあげておられると私は信じます。反体制派とは公の政策に抗議する人、反対する人のことを言います。この用語はソビエト連邦が権力を持っていた時に流行しました。本書では、組織とは共に立つ人々のことと定義しました。イエスは、当時の体制とともに立つ人々とは一線を画されました。絵を見るように明らかではありませんか。イエスと同じような精神で、すべてのクリスチャンは私たちの愛する組織を含む、この世の腐敗した組織において反体制派であるべきです。

イエスが反体制の立場を取られた例はたくさんあります。当時、ユダヤ人はサマリア人に対して人種的偏見を抱いていました。あるユダヤ人は毎日、自分を女ではなく男に生ま

＊　英語 leper はハンセン病患者とされるが、聖書では皮膚だけでなく衣服や壁にも現れることから、厳密には明らかでない。邦訳聖書では、「重い皮膚病」、「既定の病」などとも訳される。

れたことを神に感謝して祈りました。イエスはのどが渇いて「彼ら」の国の井戸に座りました。そこにサマリアの女が来たのです。彼女は、事もあろうに過去に5人の男と結婚し今は6人目と同棲中でした。民族として嫌われ軽んじられる女性でありかつ不道徳でした。しかし人の子は、ツァラアトに侵された病人や幼な子に人として接したように、彼女にもひとりの人として向き合いました（ヨハネ4章7―26節）。

イエスの奇跡は、ほぼすべてが生か死かの場面での介入です。抑圧され、虐待され、自由を奪われ、危険にさらされ、心に傷を負った人々のために介入されました。イエスの立ち位置は、私たちが慣れ親しんでいるアメリカ式などの方法でもありません。彼は憎悪に満ちたことばの書かれたプラカードをかざしませんでした。暴君であった皇帝には皇帝のものを返すように教えました。皇帝の肖像が描かれた硬貨は皇帝のものであるのだと。同時にイエスは、神のものは常に神に返されました。神のものとは、ご自身と罪ある人間です。宗教指導者を始めとして、人を人として認めず、圧迫し破壊するあらゆるものにイエスは立ち向かいました。指導者たちへのわざわいのことばは、エゼキエル書34章の神ご自身の糾弾《きゅうだん》のことばを反映しています。「わざわいだ。自分を養っているイスラエルの牧者たち。…力づくで、しかも過酷な仕方で彼らを支配した。…わたしは牧者たちを敵とし、彼らの手からわたしの羊を取り返し、彼らに羊を飼うのをやめさせる。」（2、4、10節）

マタイ福音書23章でイエスはもともと神ご自身が定めた何世紀も続く宗教指導者を非難します。

「わざわいだ、偽善の律法学者とパリサイ人。…おまえたちはやもめの家を食いつぶし（新改訳聖書14節の欄外参照）、…正義とあわれみと誠実をおろそかにしている。」（13－14、23節）

サマリヤの女と出会ったイエスは、ユダヤ人とサマリヤ人の、男性と女性の、きよさと汚れの境界線を越えました。ナショナリズム・人種的偏見・ジェンダー的偏見・きよいものと汚れたものの違いを無視されました。どこにいようとも人々を執拗《しつよう》に探し求めたことに、イエスの反体制的な特質を見ることができます。愛と真実をもって一人一人を追い求めた姿に。

組織による虐待は手ごわく、陰湿な勢力です。国家というものは自国民も他国民も破壊します。企業は貪欲に利益を追求し、神の造られた地上の富を貪《むさぼ》ります。地域社会は自壊し、隣人は隣人を殺します。教会や宗教組織は、虐待を受けた子ら、レイプ被害者、その他の暴力にさらされる人々を排斥し、なき者とします。自分たちが神のものと呼ぶ組織を維持するためです。家族のメンバーはレイプや近親相姦や暴力で互いを害します。職場・地域・教会・学校などで、虐待のあらゆる分野で適切に対応するたびに、私たちはいわば反体制派として生きるのです。私たちの多くは善良で神のための良い目的をもったシステムの一員として働きます。

眠らずに目を覚ましていなければいけません。正しいことばを使っているからといって、私たちの家族・教会・地域社会・国・組織は常に正しいと思い込んではいけません。不品行を覆い隠すことで、神の名を「守る」ことに同意してはいけません。エペソ5章11節で、パウロは、暗闇の行いに加わらず、むしろ、それを明るみに出しなさいと勧めます。一人で組織全体を変えることはできません。そんなことは求められていません。しかし組織についての真実を語るべきです。市民権運動家のマーティン・ルーサー・キング・ジュニアに聞いてください。宗教改革者のマルティン・ルター自身に聞いてください。ミートゥー運動の参加者に聞いてください。組織が変わるとき、それは多くの場合、小さな一歩であり、通常は大きな犠牲を伴います。

あまりの重荷に圧倒されそうになったら、思い出してください。組織ではなく人間こそ神聖で神のかたちに造られたものです。組織は、内部の人間・仕えるべき人々以上の価値はありません。一人であれ大勢であれ、イエス・キリストがされたように扱われるべきです。イエス・キリストは、人々を生かし、人間以下のものとして扱うことを拒みました。私たちのところに降りてきて、私たちのようになられました。我ら対彼らに分けませんでした。人を病原体のように扱わず、むしろ人の心に正義を宿らせました。

組織の中で生きつつ、神に喜ばれることを願う私たちにとってこれはどんな意味があるのでしょう？　私たちは、感染や病原体から自由なもの、防腐剤として撒かれる塩のような働きを期待されているのです。クリスチャンはこの世における免疫システムとして機能すべきです。キリストを愛しキリストに従い、ともに歩み、自分の習慣・好き嫌い・好みの組織がどんな代償を払おうとも、キリストのようにこの腐敗した世界で汚されずに生きるべきです。暗闇の中の光として、愛してやまない組織の中であっても、どこにいても神とは異なるものを明るみに出します。組織が神に背くときは、それとは一線を画すことが求められています。

この世の組織の圧倒的な力に直面するときは、二つのことを心に留めたいものです。

第一に、みことばに浸り、みことばによって自身が成長することです。何が真実かを見抜き、それを正しく口にするためです。世俗的と宗教的とを問わず、自分の文化や伝統の中に浸かり、何世代もの家系によって形作られてきた私たちは、それら組織によって負の影響を受けています。外部の人、他の組織の一部である人々を、安易に間違いだ、悪だ、あるいは劣っているなどと見なすのです。神が言われたことをどのように実践すべきかを知るには、書かれた神のことばの真理と、肉体を取られた神のことばであるお方の助けが不可欠です。さもなければ聖書を自分の文化と伝統というレンズで解釈し、自分自身の目的のために、書かれた真理のことばを曲げ、道に迷います。イエスは、この地上で人として生活され教えられました。ですから、そのことばに耳を傾け、その行いを注視するのです。この二つは切り離せません。

第二に、大きな組織の変化は常に一度に一人ずつ来る、それが神の方法です。変わることなど不可能に見え、正直絶望的であっても、私たちの神はその民を召し、増やし、変革をもたらすお方です。アブラハム・モーセ・ルツ・ダビデ・エステル・エリヤ・ペテロ・ヨハネ・マグダラのマリア・パウロ・プリスキラ、そしてあなたや私も同じです。イエスご自身、一人の人として来られました。一度に一人ずつ御霊を与え、ご自身の足跡をたどり、ご自身の香りを身にまとい、この世に真理と恵みを一人ずつ語るように一人一人を召しておられます。その働きを拡大させるのは人ではなく神のなさることです。

地上の王国は数多くあり、勢力を加え、人を抹殺し、自らを利するためだけの「正しい」判断を下してきました。政治体制・経済体制はすべて、自由と平等と成長を約束しながら、神に似せて造られた人のかたちを抹殺してきました。私たちの組織・団体・教育システム、そしてそう、キリスト教も、権力を乱用し、弱い人々を切り捨て、見て見ぬふりをしてきました。家族・教会・大学・同好会など、私たちが愛する組織は、少なくとも子羊の一、二匹を犠牲にして組織を守ってきました。

しかし、まず一人、また一人にと光が差し込むことで、変化は訪れます。大西洋の奴隷貿易・アメリカの学校における人種隔離政策・ナチス政権などはすべて、最初は一人の影響によって変えられた一大組織でした。用いられたのはウィリアム・ウィルバーフォース、マーティン・ルーサー・キング・ジュニア、ディートリヒ・ボンヘッファーなどです。

もうひとつの物語を紹介しましょう。私の父方の先祖のラフナー家は、スイスから米国にやってきて、最終的にウェスト・バージニアに上陸し、そこで塩田や炭鉱を経営しました。ウェスト・バージニア州チャールストンを建設し、嘆かわしいことですが炭鉱で奴隷を使っていました。

黒人で著名な教育者、作家であるブッカー・T・ワシントンは、奴隷の子として生まれました。[5] 解放後、この少年は塩鉱山で働き、五十キロの塩袋を運搬しました。学校との最初の出会いは、他の子が勉強しているのを外に立って窓からしげしげと眺めることでした。10歳になると、炭鉱主の妻ヴィオラ・ラフナーの家の使い走りになりました。主人は彼の聡明さと学習意欲を見抜き、読み書き教育の手助けをし、通学のための時間を毎日与えてくれました。

ワシントン氏は、後日アメリカ有数の大学となるタスキギー・インスティテュートを設立しました。南部の人種差別についても発言し、アフリカ系アメリカ人として初めてホワイトハウスに招かれました。私の先祖は確かに奴隷制を止められませんでした。人種差別制度を変えることも、奴隷にされた人々の子どもたち、教育を受けるべき子どもたち全員に教育を施すこともできませんでした。しかし、一人の奴隷の子を助け、それが誰もが予想しなかった結果を生み出したのです。一人の少年が識字力を得、一人また一人とその影響が広がり無数に及びました。同じように、私たちも神の栄光のために、この世の組織で存在感を示すべきです。

ですからぜひこのことを覚えてください。白は白、黒は黒とはっきり言うことです。いわゆる「良い組織」によって普通の感覚を麻痺させられ、邪悪な組織の意のままにされ、見て見ないふりをすることによってあなたが悪に加担することがありませんように。あまりに問題が大きすぎて、変化はありえないと絶望しないでください。

書かれたことば聖書と肉体を取られた神のことばであるキリストに深く根ざし、天と地の王国を支配される方の前にひざまづき、神のかたちに似る者とさせていただこうではありませんか。恵みと真理に満ちて一人また一人と語りかけ、愛し、助けの手を伸ばしましょう。主の奇跡の御手はそれを何倍にも増やしてくださいます。

世の偏見にとらわれず、もっとも小さい者、弱い者、虐待被害者、心に傷を負った者、自由を剥奪《はくだつ》された者、見捨てられた者に、主の愛をお届けしましょう。それこそが権力者に真理を語る方法です。それこそもっとも小さい者たちを一人ずつキリストの弟子とし、世界を祝福する方法です。決して大きなことではなく、人目に触れず、思うようには進まないことも多いでしょうが、それこそが唯一残る組織がキリストを愛し従う者だけになる日までの神のみわざです。それこそが天で第七の御使いがラッパを吹き、「この世の王国、この世の組織は、私たちの主と、そのキリストのものとなった。主は世々限りなく支配される」（黙示録11章15節）と大声で宣言するときまでの神のみわざです。

１ David Crary, "More than 12,000 Boy Scout Members Were Victims of Sexual Abuse, Expert Says," *Salt Lake Tribune*, April 24, 2019, https://www.sltrib.com /news/nation-world/2019/04/24/nearly-boy-scout-leaders.

２ Josh Voorhees, "Slatest PM: The Boy Scouts 'Perversion Files,'" *Slate*, October 18, 2012, https://slate.com/news-and-politics/2012/10/boy-scouts-perversion-files-public-database-details-decades-of-alleged-sexual-abuse-cover-up.html.

３ Peter Janci, Twitter post, April 24, 2019, 7:38 a.m., https://twitter.com/pb janci/status/1121060873076797440.

４ Lauren Bohn, "'We're All Handcuffed in This Country': Why Afghanistan Is Still the Worst Place in the World to Be a Woman," *Time,* December 8, 2018, https://time.com/5472411/afghanistan-women-justice-war; and Najim Rahim and David Zucchino, "Attacks on Girls' Schools on the Rise as Taliban Make Gains," *New York Times,* May 21, 2019, https://www.nytimes.com/2019/05/21/world/asia /taliban-girls-schools.html.

５ ブッカー・T・ワシントン著　佐藤文男、佐藤光代訳 / 大森一輝解説『奴隷より身を起こして　ブッカー・T・ワシントン自伝』新教出版社　2024 年

第7章　男女間の権威

私は一九五十年～六十年代に育ちました。昔ながらの実直な人々がヒッピーや薬物に出会った激動の時代でした。七十年に大学を卒業後、スイスのラブリー・フェローシップで福音的な神学者・哲学者のフランシス・シェーファー氏の下で学びました。帰国した後、心理学の博士号を取得しましたが七人の同級生で私がただ一人の女性でした。学部卒業後の十年間に二つの学位を得、結婚し長男を授かりました。

その間ずっとキリスト教界にいました。楽しいこともあれば傷つくこともあり、もちろん祝福も頂きました。両親ともクリスチャンで、知的刺激を与えてくれ、やりたいことはなんでもやってみるように励ましてくれました。父が軍に務めていたので引っ越しが多く、バラエティに富む様々な礼拝に出席しました。その結果、いろいろな社会の文化やキリスト教文化を一緒に経験し、礼拝とはイエス・キリストを仰ぐことなのだという理解に至ったのは貴重な体験でした。礼拝し従うべきはこの方お一人で、人間の指導者・教会・教派ではありません。

大学院時代に多くのクリスチャン男性から、女性には大学院の学位など要らない、神が君に与えた賜物は家で夫に仕え、子どもを育て、おそらく教会で奉仕することだろうと言われました。まだお付き合いする相手もいませんでしたが、結婚して家庭に入りなさいというのです。幸い父は私に期待してくれたので進路は自由に選べました。クリスチャン心理学者の下で何年か働き、良い経験をしました。上司の講演にお供した時に依頼先が見せた反応には、二人とも驚きました。「女性は歓迎できません」「おいで下さっても結構ですが、男性の前で話すのはご遠慮ください」「もし話されるなら、講壇ではなく下からどうぞ」という感じです。上司は私に味方してくれましたが、私が遠慮することもありました。

七十年代の初めにカウンセリングを始めた時、虐待ということばこそ使いませんでしたが、虐待被害について不明瞭にためらいがちに話す女性たちがいました。男性はまだ比較的信用されていて、DVなどは「起きないもの」、レイプは女性が悪いとされました。私との面接を求めて来たのは同性だからで、私が何かを知っていたからではありません。私はまだ23歳でした。相談者に耳を傾け、わからないことは質問し、自分は何もわからないので、ぜひ教えてくださいと正直にお願いしました。男性のスーパーバイザーからは、「善良な」男性たちについての女性のヒステリックな作り話や嘘は信じるなと助言されました。

しかし私は、スーパーバイザーではなく、女性たちを信じることにしました。同時にベトナム帰還兵にも面接しましたが、二つのことに気づきました。まず、帰還兵たちと、そっと話をしにくる妻たちとの間には同じような症状があったのです。戦場にもいろいろあると知りました。弾丸の飛び交う戦場については子ども時代から知っていましたが、家庭という戦場については無知でした。一番目に、虐待された女性たちは、文字通り自我が萎縮しているかのようにますます小さくなり、帰還兵たちは自我が大きくなるように見えました。彼らは大酒を飲み、怒りっぽく、暴力的です。暴力の現場はたいてい家庭ですが、自制心が効かず、仕事の続かない人もいました。徐々に分かってきたのは二つです。男性たちは、強くあれ、仕事ができるようになれ、先頭に立て、女性は権威ある男性に従うものだと教育され、一方女性は男性に譲り、男性を支え愛するようにと教育されます。この役割分担は固定しています。それで男性は暴力を振るう権利があり、うまく乗り切るのが女性の仕事だというのです。

虐待被害者だけが神の意図された本来の姿を失っていたのではなく、暴力に訴える加害者も同じように、本来の姿ではありませんでした。戦闘地域ではだれもが自分を小さく感じます。乱用された権威は、被害者を支配し強制する権威です。理解されにくいことですが、乱用された権威とは制御不能な力で、それはつまり人を無力化します。暴力的で虐待する人は、自分を抑えられません。被害者は、暴力を振るう人をどうすることもできません。

　権力乱用は、キリストのからだに巣食う病いです。キリスト教界のジェンダーに関する用語の使い方にこの病相が表れています。私たち自身と組織とを、聖なる神の光に照らしていただく必要があります。イエスというお方は、権力乱用とは無縁で、虐待・強制・共謀などをせずに権威を行使されました。あらゆる種類の女性と出会い、守り、祝福し、癒やし、励まし、元気づけました。悪に従うよう命じることもなく女性の口をつぐませることもありませんでした。キリスト教界の男性文化は、キリストご自身には似ていません。かえって世俗文化に汚染され、神学用語で是認されています。キリストの実を結ばない神学は偽りの神学です。数知れない弱者と神の教会の可能性の多くを私たちは失っています。なぜなら虐待被害者や権威を振りかざす人々による被害者が、神の豊かな賜物をもってキリストのからだに貢献することができないからです。虐待者もやはり、神が意図される賜物を用いていません。私たちは、指導者・かしら・服従・権威・神が定めた、などの聖句や神学用語を呪文《じゅもん》のようにくり返し使います。馴染みがありきれいに飾った様々な用語とその適用が、本当に神から来たものなのかを確かめるために、一度光の下に引き出す必要はないでしょうか。神からではないものが実は多いのです。

暴力を振るわれ、無一文で、夫は妻のかしらだからと夫の意のままに性生活を強要されている奥さんに向かって、私たちは神学用語を呪文のように述べて夫への従順を説きます。13歳の男の子が勇気を出して、ユースパスターが自分にポルノを見せセックスを強要したと言ったときや、主任牧師が「権威」をもってその少年に黙っているように命じる時も同じことをします。

男が何を望んでいるか、どうしたら良い妻になれるかを教えるという口実で、カウンセリングの場で牧師からくり返しレイプされたという女性が相談に来た時も、私たちはそういう専門用語を使います。理事会メンバー全員が男性の「牧会者」である席で、レイプや暴力被害を受けたと訴えた女性が、話を信じてもらえず、逆に厳しく詰問されるハメになるときにもそういうことばが使われます。虐待行為を見過ごすか軽く見て被害者を貶《おとし》める形で、私たちはなじみの神学的用語や概念を使います。自分が正しい立場であることを信じて疑いません。しかし、本当は神学的なことばで飾った自分の過去と団体の過去・ことばの使い方・偏見や先入観を吟味してみる必要があるのです。

「木の良し悪しはその実によってよって分かります。」(マタイ12章33節)教会は、自らに仕えるために権威を用いたり悪に共謀したりすべきではありません。私が想像を超えた虐待・暴力の話を初めて聞いた時のように、私たちは互いの話を聞き、学び合わねばなりません。それはイエスの受肉にも似た働きです。それをしないと、私たちは主とそのからだのお役に立つことはできません。

離婚の諸相

神は単なる法的な関係の終わりとしての離婚ばかりでなく、あらゆる種類の離婚を憎まれることを私たちは見失ってしまいました。毎晩、個室にこもってポルノに夢中になり、妻子を持つ身であることを忘れることはどうなのでしょう？　ものやこぶしやことばを使う暴力はどうでしょう？　伴侶にお金を使う自由を与えないのはどうでしょう？　家族に怒りをぶちまけ、はずかしめ、教会では知らぬ顔を決め込むのはどうでしょう？　マラキ書２章16節にあるように、背信と欺きで妻を裏切ってはいないでしょうか？　「男が暴力と残虐と不義で妻をおおうのをわたしは憎む。わたしは裏切りを憎む」

右に挙げた事柄はすべて裏切りを含んでいないでしょうか。「離婚」など一枚の紙切れに過ぎないなどと、私たちはいつから考えるようになったのでしょう。裁判所からの正式な通知が届かない限り、信頼関係の破綻などたいしたことはないなどと、いつ決めたのでしょう。法的文書のために、人生の嵐からの避けどころであるはずの結婚における罪と破綻を是認しているのでしょうか。もしそうなら、私たちはキリストとそのからだを反映するよう神が意図された尊い結婚を無益なものにしています。

私たちは、神が憎まれるものを自分で狭く解釈し、苦しんでいる多くの人を迷わせてしまいました。神は結婚の解消を憎まれるのに、キリストとその花嫁の関係のようになることを意図された家庭での虐待・残酷な行為・支配・脅迫は許されるかのような対応を私たちはします。そうすることで神のかたちに造られた大切な人を害し、神と神のことばについて混乱を引き起こしました。また、神の憎まれることを大目に見、いい加減に処理することで虐待加害者を回復させることもできませんでした。隠れたところで生かすべき神のきよさよりも、世間体を大事にしてしまいました。

キリスト教世界の教え

女性とは何かについては何百年もの間、多くのことが言われましたが、言っている多くは男性によることばです。曰く、弱い性、第二の性、従う性、悪魔の出入り口など。教会教父・神学者たちは多くの著作を残しました。例を挙げます。

エピファニウス　「まことに女性は低能なやからである」[1]

ジョン・ノックス　「か弱く、こわれ易く、忍耐力に欠け、か細く、恒常心がなく、変わり易く、思慮と統治の精神に欠けている」[2]

トマス・アキナス　「女性は欠陥があり、卑しい」[3]

アウグスティヌス　「産むという理由を除いて、女がいかなる助け手として男に創られたのかの理由をわたしは見出すことは出来ない[4]」

クリュソストムス「神は世のものごとを分けて両性に秩序を与え、必要で益となるものを男性に、それほど重要ではない劣ったものを女性に委ねた[5]」

これらの説は何世紀もの間、神学思想を汚染してきました。これらは嘘であり、腐敗した果実で、今も似たようなものを生み続けています。女性は価値がない・汚れている・知性がない・意味がないなどと決め付けられ、ヒステリック・愚か・非論理的・情緒不安定などとも言われてきました。

女性であることについて賞賛のことばは見つけにくいのです。それを本で読んだ方もいれば、体験的に知っておられる方もいます。レッテルを貼られ、相手にされず、無視されたり、名差しであなたはどうだこうだと言われた方もいます。女性として生まれた者は一定の性向を持ち、一つのカテゴリーに属し、ある種の特質を持っているとされてしまいます。女性というだけで卑しめられ、一人前に扱われない、それもしばしば神の家で起きます。

私たちはこれらの見解をたいして判断もせずに取り込むことに慣れてしまいました。伝えられたことを吟味もせず、認めました。そのために被《こうむ》ったダメージと損失は計り知れません。神の前に静まり、だれも神の御心を完全にはわからないので、これからも極めることはできないと認めようではありませんか。私たちは神のみ心・考えがわかっているような話し方をします。自分とは違った考えを持つ人たちへの非難のことばは、厳しく時に醜《みにく》いものです。高慢は目に余ります。私たちみながいま立ち止まり、耳をそばだて、謙遜な思いで振り返る必要があります。

自分に問いかけてみてください。子どもの時に男であること、女であることについて何を学んだのか？　はっきりと教えられたことは何か？　経験的に教えられたことは何か？　その二つは一致していたか？　性差について家族を通じてどんな伝統が伝えられてきたか？　男女がどのような関わり方をしていたか？　尊敬・親切・怒り・決めつけ・恥・沈黙などについてはどうだったか？　広告・音楽・インターネットなどで、男であること女であることについて自分は何を学んだのか？

キリスト教界で、自分は性差について何を学んだのか？　どのような行い、またどのようなことばでそれは教えられたか？　ことばと行いは一致していたか？　男女は常に上下関係で、対等ではないと教会は教えていたか？　女性の持つ賜物について教会はどう対応したか？　彼女らはどのように考慮され、また励まされたか？　伝統的な女性観を越えたどんな賜物が養われたか？　自分が見た見解の根拠はどんな神学でしょうか？　学ぶところはないかと聖書を調べたか？　主イエスが女性とどのように関わられたかを深く読み込み、それが何を教えているのか学んできたか？　その関わり方は私がこれまで信じてきたことと違っているでしょうか？　神がどんなテーマでも常に私たちに賛成しているならば、それは私たちが神に従っているのではなく、逆に私たちが自分のイメージ通りの神を作っているのです。

13歳の頃、家族でとても保守的な教会に出席していました。どういうきっかけか、そこでは頭を使って考える女性が歓迎されないことを私は知りました。それで日曜日の朝、私はこういうイメージを頭に描くようになりました。礼拝堂の入り口に続く傾斜のきつい階段を上るときに、昔の牛乳配達に使われたような箱が脇に置いてあるのを想像します。その箱の中に自分の脳をそっと置いて、帰るときにまた持ち帰る。大人になるまでそのことを人に話したことはありませんでしたが。

そんなことを想像する必要を感じたことは悲しいですが、家や学校では自由に頭を使えたのはありがたいことでした。今も多くの少女は、安心して考えることができません。あらゆる教会で、女性の頭脳や賜物が歓迎されていないことには悲しくなります。女性たちが教会から切り離されているかのような所もあります。

我が子や孫を腕に抱いたとき、この世を祝福しようと神が用意された宝箱を見ているような気がしたものです。その箱を開けることは大きな喜びの一つです。男女を問わず、どんな子であっても神の贈り物を無視することは子どもへの大きな傷になります。教会の働きにとっても大きな損失です。それはキリストのからだの益となり、神の栄光となるために与えられているからです。

女性についての説教をどれほど聞かれましたか？　私は七十年間に無数の説教を聞きました。すばらしい説教も多く、たましいが養われました。しかし、ミリアム、フルダ、デボラ、フィーベ、プリスキラ、ユニアなどの女性たちが取り上げられたことは一度もありません。バテシェバについては聞きましたが、ダビデの恐ろしい権威乱用については語られませんでした。彼は自分の羊、家来の一人（ウリヤ）を殺し、その妻を寝床に呼び寄せました。だれも王には逆らえません。ダビデ王は、バテシェバにとってのハーヴェイ・ワインスタイン*でした。[6] 説教壇からそのような権力乱用が語られることはほとんどありません。

二十年以上前に神学校で女性論を教えたことがあります。宿題に、ルース・タッカー著『教会の娘たち』（邦訳なし）の一部を出しました。学生のほとんどは男性でしたが、とても考え方が柔軟でした。教会の女性の歴史、神の民が、女性の賜物により豊かに祝福されたことをそれまで知らなかったと言っていました（それは女子学生も同じでしたが）。宿題を果たすことで何かが変わり、女性を見る目が変えられ、彼女らを思想家・預言者・先駆者・信仰の勇者と見るようになったと学生たちは言いました。神が女性にどのように賜物を与え用いられたかを知ったのです。

男女について考えるときの出発点は神の視点でなくてはなりません。二人の人がともに神

＊米国の映画プロデューサーで、性暴力および性的虐待事件と隠蔽工作容疑で収監中。

のかたちに造られました。神は彼らを、子どもを産み、生き物を支配し、地を従えるという同じ仕事に召され、二人が神の栄光のために二重奏で奏でるよう召されました。二人はともに自分の欲のために堕落し、ともにわずかな真実が混ざった嘘に従いました。ともに神でないものの声に聞き従いました。ともに神から少なからぬ報いを受けました。そのうちのどれも本来のご計画とは違いました。堕落の結果を私たちは理解し、逆らっているようですが、「彼はあなたを支配することになる」（創世記3章16節）という結果だけは別です。私たちはこれだけはきよいものとし、その結果、分裂・議論・非難・侮蔑という実を刈り取りました。

女性の役割についての議論が、キリストのからだとしての教会に分裂を引き起こしました。私は、ジェンダー・神のご計画・堕落などは大切な議論の分野、聖書の光に照らされ、またキリストの御霊によって立ち向かい続けるべきテーマだと信じますが、この世でもクリスチャンの世界でも、女性が神の下さった賜物を生かすことを許されないで今に至っていると思います。女性たちが知性を使うことを教会は喜ばず、主婦・母親という特定の型にはめようとし、その型にはまらない女性は、不信仰・不似合い・不適当・女らしくないなどと批判されてきました。そのような生き方には召されていない女性がいます。一時的にはそのように召されても、生涯を通じてではない方もいます。教会は一つの型にしがみつき過ぎて大きく損をしています。その型は、文化・教会教父・伝統に強く影響されています。

この議論における問題設定や用語は私の若い頃とは変わって来ており、これからも変わっていくでしょう。今よく聞かれるのは、「あなたは補完主義《コンプリメンタリアン》か、それとも平等主義《エガリタリアン》か?」という問いのようです。その裏には、「正しい答えを選んだら認めてやる」という意図が透けて見えます。ただこういう設定は聖書には見当たりません。実は、男性であることや女性であることに使われる神学的な根拠は、世代を越えて伝えられてきた正統的キリスト教の信条とは一致しません。その根拠とは、イエスは父なる神に永遠に服従しているという主張です。[7] 結婚についての問題設定を採用する人は、この神学的根拠を批判しますが、それでもこの問題設定のしかたを古代からの教会信条のように擁護します。結婚に補完主義《コンプリメンタリアン》と平等主義《エガリタリアン》の二つしかないと教会が教えているのは奇妙です。最高に創造的なお方である父なる神は、すべての女性・すべての男性を同じように造られてはいないのですから。そのような男女が奏でる二重奏は、やはりそれぞれにユニークなものでしょう。ここで私が結論を出そうとは思いませんが、これは主のからだである教会に深い分裂をもたらした議論です。クリスチャンは結婚について男女の力関係がどうあるのかという議論をするのではなく、ともに立つことを優先すべきです。

使徒の働きでパウロとともに働いた夫婦がいましたが、二人は今日議論されている範疇には入らないようです。プリスキラとアキラはコリントの町でパウロに会い、三人はともに働き旅をしました。パウロは彼らを家の教会の責任者として残すことで、この夫婦を信頼していたことを明らかにしてい

ます。（第一コリント16章19節）

プリスキラとアキラがアポロに会ったのはエペソの町でした。アポロが会堂で話すのを聞いた二人は、彼をわきに呼んで、神の道（神学）をもっと正確に説明しました。プリスキラは、単にお茶を入れたりアキラを「支えた」のではありません。二人が登場する五箇所のうち四箇所では、彼女の名が最初に出てきます。パウロはエペソでの二人の働きを認め、「私の同労者」（ローマ16章3節）と呼びました。「女は、よく従う心をもって静かに学びなさい」（第一テモテ2章11節）と書いた同じパウロがです。聖書に対して戦いを挑んだりさらなる分裂を引き起こすよりは、このような意見の対立の前で私たちは立ち止まって神の前に祈り、お互いに謙遜になるべきではないでしょうか。また、今の教会でプリスキラのような賜物のある女性が沈黙させられてはいないかと自問するのも意味のあることです。

　肉体をとられた神が女性たちと関わった様子を考えて、この男女をめぐる議論を一時休止するのが良いのかもしれません。[8] ひとまず矛先《ほこさき》を収め神を求めましょう。神は女性への虐待を嫌われ、どの被造物に対しても卑しめたり屈辱を与えたりすることばを嫌われます。おもりを首につけて湖に沈められるに値するほどの虐待を、指導的立場の人が主の名において否定し、隠し、見過ごし、共謀することを嫌われます。男性と配偶者が人生のすべての領域で受ける被害を悲しまれます。神がこれらを嫌われ悲しまれることを思えば、私たちが悔い改め、へりくだり、御顔を求めることが唯一の道でしょう。では具体的にはどうしたらよいのでしょうか？

最初は自分のうちにある誤りを認めるという勇気が必要ですが、それはだれもがしたくないことです。人の欠点を見る方が心地よくて、だれもが得意です。私たちは神に助けを求めつつも、自分の立てた仮説を検討する方がいいのではないでしょうか。それは聖書から来たというより聖書に付け加えた可能性はないでしょうか。私たちはよく、仮説を立ててから聖書を読みます。聖書は読み方によってどうとでも解釈できるのです。奴隷制について、女性について、男性について、そういうことを私たちはしてきました。虐待についての応答について、また文化の多くの側面についてもそうしてきました。この点について謙遜に神によって心を探っていただくことは良いことであり正しいことです。

新しい言語を学ぶには、沈黙期と呼ばれるものが必要です。これまで知らなかった言語をひたすら聞きます。文字通り、頭、考え方が変わります。違った考え方は自分にはできないと突っぱねるなら新しいことばは学べません。[9] トラウマ被害者を支援する時には私も沈黙期を実行せねばなりませんでした。被害者は私の知らないことばを語り、聞いたことのないストーリーを語っていたからです。自分の考え、自分の問題設定、自分のことばを脇に置いて、トラウマ被害者とはどういうものかを相手の立場に立って学ぶことにしました。

これは耳新しいことですか？　そうではないことを願います。つまり、受肉、人の立場に立つことを学ぶことです。私たちは人のために肉体をとられたお方を知っています。その模範に倣《なら》うべきではありませんか？　男性の牧師・指導者の皆さん、教会や組織の中で女性であることはどういうことですかと彼女らに尋ねたことはありますか？　奥さんや他の知り合いの女性に、指導者としてのあなたが権威をどのように用いているか、彼女らはどのように見ているかを尋ねたことはありますか？　指導的立場の婦人たちは、他の同性に同じ質問をすべきでしょうか？　もちろんすべきです。

神の統治の回復

もう一度最初に戻りましょう。初めに男が造られ、人がひとりでいるのは良くないと神は言われました。神はアダムを眠らせ、花嫁を造るために脇腹に傷を与えました。彼らは一つのからだでした。男は家を出て妻と一体となると神は言われました。ここに伏線があるのが分かりますか？　キリストは父の家を出て、肉体をとり、しもべ、私たちの助け手になられました。花嫁、教会をお造りになるために十字架につけられ、傷つけられ、死なれました。アダムは人類のかしらでした。イエスは教会のかしらです。私たちのかしらは、世の初めからほふられた子羊です。（黙示録13章８節）主は花嫁のためにその力を制限され、傷を受けられた権威なのです。かしらの形は十字形です。十字架の道をゆくのです。

神は男女をご自分のかたちに造られ、共同の務めを与えました。（創世記1章26ー28節）ふたりで地を治め被造物を従える務めであり、どちらかが片方を支配するのではありません。彼らは神の支配のもとにある時までは共に生き、共に働きましたが、神の最大の敵、悪魔に欺かれて、神の領域の外にはみ出し、世界は一変しました。神は彼らの選択の結果について宣言しました。エバには「あなたは夫を恋い慕うが、彼はあなたを支配することになる。」（創世記3章16節）これは呪いと呼ばれるものの一部であるという事実を私たちは見失っています。夫への教えではなく、誤った罪深い選択の結果なのです。

神の支配を回復することが治療法です。私たちへの召しの一つは、神が本来定めていなかった労働の分裂を生む破壊的な結果に対抗し、男女関係に今一度神の支配が回復するよう努めることです。それは神のかたちを証しする美しい機会になります。

悲しいことに、「かしらであること」という概念を用いて、女性たち（教会員たち）を権威主義的に扱うことが支持されることがよくあります。エペソ人への手紙では、どのような種類の権威の乱用も明らかに非難されています。「悪いことばを、いっさい口から出してはいけません。…怒り、怒号、ののしりなどを…捨て去りなさい。互いに親切にし、優しい心で赦し合いなさい。神も、キリストにおいてあなたがたを赦してくださったのです。…光の子どもとして歩みなさい。あらゆる善意と正義と真実のうちに…実を結ばない暗闇のわざに加わらず、むしろ、それを明るみに出しなさい。」（４章29、31―32節、５章８―９、11節）その後に、「キリストが教会のかしらであり、ご自分がそのからだの救い主であるように、夫は妻のかしらなのです。」（５章23節）と続きます。

キリストは、教会のかしら、またからだの救い主としてどのような存在でしょうか？　彼は小さいものとなり、身をかがめ、病人に手を当て、弱い者を守り、足を洗い、死なれ、人に苦痛を与えるのではなく、かえって人の痛みを担いました。そのような愛のもとで人は花開きます。かしらであるとは、罪深く、弱く、思い悩み、ひしがれた人間のしもべとなることです。かしらは本来、しもべになるのではなく、しもべを持つ立場ではありませんか？　ところが、私たちの主は「あなたがたの間で一番偉い人は、一番若い者（一番力のない人）のようになりなさい。上に立つ人は給仕する人のようになりなさい。」（ルカ22章26節）と言われました。キリストに似る者になりたいなら、人に要求をするのではなく人を招くことです。人を支配するのではなく愛することです。かしらであるとは人を支配することではなく、呪いを逆転させることです。人の子は弟子たちが望むような支配はせずに、御手を伸べられ、「怖がらずにこちらへ来なさい」と招かれました。ご自分の権利を要求されませんでした。（嫌われた人種で不道徳な女性に対しても）「来て、飲みなさい」と言われました。イエスに従う「かしら」は、かつてだれも考えたことのない「かしら」です。家のかしら・教会のかしらは、仕えるしもべになるのです。夫が家のかしらだからと言って、虐待された女性を家に帰したり、虐待された子どもを家に置き去りにするのは、非道で冒涜的《ぼうとく》とさえ言えます。どのような種類の権威の乱用も主の御心ではありません。どのような形でもだれかを虐待・抑圧するのは、呪いを助長することです。神は、できる限り呪いを一変するような生き方を私たちに願われます。十字架の道を歩むことです。

地上におられたとき、私たちの「かしら」は、ご自分をこの世に生み出した思春期の少女を通して、かしらであることを教えられました。救い主が来られたことを人々に告げた（証人として信頼されていなかった）女性を通して、かしらであることを教えられました。かつては悪霊に憑かれていてあらゆるところへお供をした女性を通して、かしらであることを教えられました。問題の多かった一女性を選んで、ご自分のよみがえりを弟子たちに告げられました。その声は今も全世界に響いています。復活祭のたびに、私たちは彼女のメッセージをくり返します。私たちは救い主が来られたことをあらゆる人に告げ、イエスを世に紹介するように女性たちを励ましているでしょうか？　あなたの教会にマグダラのマリアのような女性はいるでしょうか。神を愛し信じる世界中の女性たちを、偏見に満ちたレッテルをもって無視したり沈黙させているなら、それは嘆かわしいことです。正しい権威により主の復活を告げる預言者としての声を、私たちは主のからだから奪っているのです。

男女に関わる私たちのあらゆる意見の違いを主のもとに持ち寄り、自分の意見に人を従わせるのではなく、神の支配に膝まづかねばなりません。人間の分け方は無効だと神は言われます。（ガラテヤ3章28節）かえって、みながキリストを着ることです。それだけが私たちを支配する特徴であるべきです。

　男性は、それと知らずに女性を豊かに祝福できます。長期に渡る激しい性的虐待を受けていたある女性が話してくれました。彼女は、男性にも教会にも恐怖を感じていました。それは、虐待のほとんどがそこで起きていたからです。何年か私のカウンセリングを受けて再び教会に行こうと思いました。毎週日曜日、遅れて来ては後部座席に座り、早めに退席しました。何ケ月か後に彼女が言うには、毎週彼女の前に両親と二人の少女が座りました。彼女は鋭い目付きでその家族、特に父親を見つめていました。「この紳士のように女性や女の子に接する人を今まで見たことがありません。決して声を荒げないんです。毎週毎週、態度が変わりません。子どもたちには腰をかがめ、たとえ少々ヤンチャをしても低く優しい声で言い聞かせます。生まれて初めて、神が私とともにおられると言われる意味を実感した気がします。神様って、ああいうお父さんなんですね」

　この紳士は、神の霊が支配する権威を謙遜な形で見せてくれたのです。彼が表した優しい権威は、その信じる主に似たものです。本人は、天の父の姿を証ししている場面を私の訪問者に後ろから見られていたなどとはまったく知りません。私たちのかしらである神は、すべての権威を用いてその子どもたちを祝福し、愛をもっておおい、仕えてくださいます。この神が、キリストにおいて私たちにも同じようにするよう呼びかけておられます。

1 Ruth Tucker and Walter Liefeld, *Daughters of the Church* (Grand Rapids: Zondervan, 1987), 116.

2 John Knox, *Knox: On Rebellion*, ed. Roger A. Mason (Cambridge: Cambridge University Press, 1994), 9.
邦訳は、『宗教改革著作集　第10巻　カルヴァンとその周辺　ジョン・ノックス　女たちの奇怪な統治に反対するラッパの最初の高鳴り（１５５８年）　飯島啓二訳』　教文館　1993年の159頁を参考にした。

3 Thomas Aquinas, *Summa Theologiae*, NewAdvent.org, http://www.new advent.org/summa/1092.htm, question 92, answer 1.

4 Marg Mowczko, “Misogynistic Quotations from Church Fathers and Re- formers,” Marg Mowczko (blog), January 24, 2013, https://margmowczko.com /misogynist-quotes-f rom-church-fathers.『アウグスティヌス著作集16　創世記注解（１）』1994年　教文館　296頁

5 Mowczko, “Misogynistic Quotations.”

6 “Harvey Weinstein Sexual Abuse Allegations,” Wikipedia, October 6, 2019, https://en.wikipedia.org/wiki/Harvey_Weinstein_sexual_abuse_allegations.

7 Kevin Giles, *The Rise and Fall of the Complementarian Doctrine of the Trinity* (Eugene, OR: Cascade, 2017).

8 Elaine Storkey, *Scars across Humanity: Understanding and Overcoming Violence against Women* (Downers Grove, IL: InterVarsity, 2018).

9 Storkey, *Scars across Humanity*.

第8章　人種差別と権威

胎内の深い闇の中で、胎児はいま父なる神の御手で注意深く愛をもって組み立てられつつあります。子どもは神のかたちに造られた贈りもので、神の栄光を表し、この世と人々を祝福するように計画されています。父なる神は、組み立て終わったこの小さな贈りものを黒く美しい肌に包み、晴れて彼女は誕生します。本人もいつかは知ることになりますが、悲しいことにだれもがこの子を創造主の眼差しで見る訳ではありません。ジェームズ・ボールドウィンは、『ノーツ・オブ・ア・ネイティブ・サン』で「黒はこの世に生まれてくる色として最悪だ」[1]と言います。このことばは、この世界の何かがかなりおかしくなっていることを示しています。キリスト教会の内と外で聞かれるメッセージの反映であり、著者もいやというほど耳にしているのです。ボールドウィンの実体験は、父なる神の愛など嘘っぱちで、贈りものと呼ぶ価値などはないと思わせるものでした。父なる神についての誤ったメッセージはことばと態度とを問わず、悪魔から来ています。これら多くの嘘が事実かのように教えられ、信じられています。

人種問題と権威の乱用を考えるとき、悲しいことに、一般社会と同じく、キリスト教界においても私たちの対話はどれほど敵意に満ちたものになることでしょうか。中傷・決め付け・見下した言い方が武器のように使われます。自分の経験を語る人がいるとすぐさま、嘘だ、被害者ぶっている、社会主義者、それでもクリスチャンか、「いつまでも乗り越えられない」弱虫などと責められます。ぜひ言わせてください。クリスチャン同士でも未信者に向けてでもどんな話題であっても、こんな言い方をして良い理由などはありません。

どんな人との出会いも、二つの基本的な真理に立たなければいけません。第一は、すでにふれたことですが、私たちが日常的に出会う人、職場で会う人で、父なる神の御手で目的をもって造られなかった人はひとりもいません。父なる神が計画された人は尊く、お互い人類の一員として、神に創造され、愛される者として扱われるように神は願われます。人類はみな同胞で、みなが神のかたちを持っていて例外はありません。使徒の働きでパウロは、「神は、一人の人からあらゆる民を造り出して、地の全面に住まわせ、…『私たちもまた、その子孫である』」（使徒17章26、28節）と言いました。

フィートン大学の初代学長であり、奴隷制度廃止論者のジョナサン・ブランチャード氏は、この聖句から「一血主義《ワンブラディズム》」という新語を作りました。[2] すべての人間はアダムの血を受け継いでいます。

二番目の基本的真理は、キリストの受肉という事実に根ざしていて、自分とは違う人と共に歩み、共に生きることを教えます。「ことばは人となって、私たちの間に住まわれた。私たちはこの方の栄光を見た。…この方は恵みとまことに満ちておられた。」（ヨハネ1章14節）いつもキリストが歩まれたように歩むのです。人を神のかたち以下に見下すことは、神の判断への反抗で第一の真理に反します。人をそれ以下に扱う人はイエスに似た者にならず、二番目の真理に反します。人を理解したいなら、イエスがされたようにしなければなりません。彼は肉体をとられてこの世に来られ、私たちのようになり、人としての人生を生き、救いの希望となりました。その生き方は人に耳を傾け、人の立場になる、史上最高の生き方でした。私たちもそのように生きるように招かれています。

人種についての論争は王国の存亡に関わるほどの問題でした。最悪の例では、隔離政策や焼却炉の建設、また国外追放や奴隷制度にまでも至りました。神が造られた美しい多様性を人類は逆手にとって、権力を我が物にし他者を圧迫する道具としてしまいました。その結果は腐敗と破壊で、これは悪魔のものです。この現状が改善され、互いを侮辱したり分裂するのではなく、恵みと真実に満ちたクリスチャンを見たいと多くの人は願います。私はこの問題の専門家ではありませんが、これまで何十年間も不公平・憎しみ・権力乱用・世代を超えたトラウマによって引き起こされた残骸の中を歩いてきました。これは大きな心の痛みを伴う歩みであり、父なる神の御心を深く悲しませていることには疑いがありません。

歴史をまっすぐ見つめましょう。人種の違いを理由に、私たちは自分と違う人々をさげすみ拒否してきました。米国において二百年間以上奴隷制度が続くためには、神のかたちに造られた人の尊厳・人間性・価値が否定されるか甚《はなはだ》しく限定されなければなりませんでした。奴隷所有者と沈黙の共謀者にもその害が及んだことは想像に難くありません。

『奴隷セリア』[3]の物語をたどってみましょう。セリアは14歳でロバート・ニューサムに買われました。ニューサムはセリアを畑や台所で働く労働者ではなく、寝床で亡くなった妻の代わりにしようとして手に入れたのです。ニューサムは60歳でした。娘たちにはメイドだと偽りましたが、実際は奴隷で妾《めかけ》という立場です。米国の奴隷制度についてお読みになった人なら、女性の奴隷にとってレイプは避けられない問題だったことをご存知でしょう。南部の州ですべての女性は比較的無力な存在でしたが、若い女性の黒人奴隷は三重に弱者でした。レイプは違法であるのに、法律は白人女性にしか適用されませんでした。セリアは五年間レイプ被害を受けました。

ニューサムによって子どもを二人産み、三人目を妊娠していました。やめてくれるように頼んでも、ニューサムは聞き入れません。そのため、長い棒で殴り、当たりどころが悪くて死んでしまいました。証拠を隠そうと暖炉で遺体を燃やしましたが見つかり、12人の白人陪審員の前に引き出されました。もし酌量の余地を考慮したら奴隷所有者にとっては脅威だということで、正当防衛は行き過ぎだと判断されました。しかし奴隷制度そのものは守られました。有罪判決を受け、1855年12月21日にセリアは絞首刑にされました。さかのぼることほんの一世紀未満の過去に「すべての人は平等に造られ、生命、自由、幸福の追求という譲れない特定の権利が与えられている」と宣言をしたばかりのこの国においてです。明らかにこの偉大な独立宣言にも例外があったのです。当時、すべての法律は白人に有利で、白人だけが法律を制定し、取り締まり、修正できました。奴隷には何の拠り所も権利もありませんでした。

ロバート・ニューサムが思春期の女子を家財道具のように所有し、意のままにレイプし、その人生を踏みにじっていた時、その魂には何が起きていたのでしょう。セリアにどのような害を及ぼしたのでしょう。権利は剥奪《はくだつ》され、レイプ被害を受け、体力もなく発言権もなく、所有者の意のままに扱われる道具でした。所有者のひどい権力乱用にはことばもありません。母親を奪われた三人の子どもたちはどうなったのでしょう。事実とその結果に彼らは以後、どのように受けとめ対処したのでしょう。母親に起ったことで奴隷としての自らの将来を悲観するようになったのでしょうか。心が頑《かたく》なになったでしょうか。主人を殺した女性の子どもたちが、世間からどのように扱われたと思いますか。

セリアが処刑された１８５５年よりもはるか昔、私自身の先祖にも同じようなことがありました。先祖の話は私の一部になっていて、子どもにも孫にも語り聞かせています。同じことをおっしゃる方々も多いでしょう。１６５年前のセリアの実話は、今もどこかにその余波が残っていて、新たな世代にその実を結んでいるのです。

１９５０年台の初頭、私は４、５歳でしたが、父の祖母を訪ねてヴァージニアからフロリダまで徹夜で家族で移動しました。我が家の黒人メイドで子守りのクリスティーンも車に同乗しました。私は彼女が大好きで、両親が交代でハンドルを握る間、弟と私は彼女の膝まくらで眠ったものです。朝になり車はレストランに横付けされました。窓から見ると、水飲み場が二つ見えました。一つは「白人用」の表示で、もう一つは「黒人用」でした。あれはなぁにと聞くと、クリスティーンが教えてくれました。母は私たちを車に残してレストランに入って行きましたが、まもなく涙をぬぐいながら戻ってきました。助手席に着くと、「行って！」と父に強く言いました。父はめったに怒る人ではありませんでしたが、怒ると口の右側が下がるのですぐに分かります。父は、口の右側を下げて母にうなづき、車を出しました。理由はそのレストランで黒人には食事を出せないと告げられたからです。両親は失望し、あのようなところでは食べてやらないと怒っていました。朝食抜きで南部を走り抜けたのです。奴隷解放令の出された80年も後のことです。

そのような経験に私ですら強烈な印象を受けたのならば、「黒人用」という立札が向けられたその当事者はその後どのような影響を永年にわたって受けたと思いますか。同じ人間同士が同じテーブルに座ったり同じバスの座席に座ったりする権利を手に入れるのに、どうして後に起こる抗議運動が必要だったのでしょう。当然の権利を拒まれた人たちの多くは、神が用意される天国の食卓を私たちと分け合うのですから、すぐにもそうすべきではないでしょうか。

世代間のトラウマ

何百万人もの人を二百年以上奴隷にし、物のように扱い圧迫し虐《しいた》げておいて、奴隷や所有者の子孫にも代々にわたる長期的な影響がないなどと本当に私たちは思うのでしょうか。トラウマと虐待は、奴隷解放令で終わりを告げたのではないことはだれもが知っています。米国で1863年に約四百万人の奴隷が解放されましたが、我が国はジム・クロウ法*によりアフリカ系アメリカ人を圧迫し続けました。多くが北部に逃げました。イザベル・ウィルカーソン著『ザ・ウォームス・オブ・アザー・サンズ　米国大移動の叙事詩』（邦訳なし）にはこ

＊有色人種・原住民族の一般公共施設の利用を1876年から1964年に渡り禁止・制限した法律。

のように書かれています。「黒人たちは、米国で生まれたのに、国の最貧地から最低限の教育にさえ最も遠い状態で最貧民としてたどり着いていた。[4]」この文を再度味わってみてください。何世紀にも渡る圧倒的トラウマの連鎖が見えてくるのではないでしょうか。

トラウマは、たましいが受けた深い傷のことであり、人格の一部になります。人を造られた神は、人と語り関わり無限の力をお持ちですが、トラウマは人を黙らせ孤独にし無力にします。神のかたちを傷つけるものは、神から出たものではありません。臨床家である私にとってこの点はとても大切です。だれでもそうですが、私との面接に来る相談者は人に影響されやすいのです。中でも一番柔軟な子どもが、くり返し悪を刷り込まれていたらどうなるでしょうか。

ほとんどの方は自分の血筋にまつわる歴史を知っているのではないでしょうか。例外はあるでしょうが、空白期間があるならそれにはそれなりの傷があるのです。尊厳と誇りを感じる家系の方もいれば、重荷・恥・悲しみの歴史を持つ方もいるかもしれません。多くは両方をお持ちです。世代を越えて伝えられたものには誰もが影響されています。

１９６０年代に強制収容所症候群とかサバイバー症候群と呼ばれるものが登場し、ホロコースト生存者の子孫の精神科の治療をしていたカナダの臨床家によって発見され、命名されました。ホロコースト生存者の孫世代で紹介されてくる患者は、一般人に比べて３倍多かったのです。最初は子ども世代が二次的トラウマを抱えていると言われていましたが、同じ症状が第三世代になっても明らかになるにつれて今ではトラウマの世代間伝達と呼ばれるものが認められるようになりました。[5] これは数世代前に起きたトラウマが後に続く世代まで、心理的・神経生物学的・文化的に影響することを言います。過去の世代が受けたトラウマに対する行動と情緒的反応が、現在にも影響を残しているということです。

トラウマを受けた人を見れば、悲劇的な苦しみと悪という結果そのものは分かるでしょう。以前はトラウマを、患者に起きた、一定の症状を見せる出来事としか理解していませんでした。それもある意味当たってはいるでしょう。しかし今は、身体・知性・心・たましいに長期のダメージを与える複合的なものとされています。苦しみの軽減には、トラウマの性質と影響ひいてはトラウマの世代間伝達の仕組みについて正確に知り、対話とケアが現実に根ざすものであることが大切です。私たち臨床家は、自分の手に負えるように、トラウマのダメージを軽く見たり簡単に片付けてしまいがちです。

慢性的で複雑なトラウマや弾圧により、人は大きく変えられます。その結果は、不信感・絶望感・恥辱感・劣等感・無力感です。自分は何者かという意識（自分が生き方を選べるという意識）や人格の統合性を失います。孤独で愛されることを知らず、安全な人間関係がなく生き延びることぐらいしか目的がなくなります。絶望感・失望感・虚無感が支配します。例えば比較的に健康な子ども時代を送りしっかりとした自我を持つ大人を、アウシュビッツやピテスティ（Pitesti Prison 共産主義下のルーマニアにあった再教育用監獄）やトゥール・スレング（Tuol Sleng　カンボジアのポル・ポト政権時代の拷問用監獄）のようなところに収容するとします。あるいは船に乗せ、家から遠く離れた場所で奴隷として働かせる。または生まれた国から引き離し、子どもを連れ去り、大事にしていたものを全て取り去り、以前の自分が失われるほどのトラウマを与える。そのような出来事からは一年や二年では立ち上がれません。その体験は人の内部に織り込まれ、「自分」の一部となります。大きく変えられた新しい人が、その魂に焼き付けられたものを次世代に引き継がせます。影響力と言いますが、個人としての物語と一族としての物語が語り継がれます。最初に起きた出来事とともに、語り継がれる物語が新しい世代を形成し続けます。

美しさの回復

右の話を頭に置いて、美術館や個人コレクションに置いてあるような自分の気に入っている高価な名画を思い描いてください。でしょうか。多分レンブラントやゴッホなどでしょう。その作品が何者かによって傷つけられたら世界中が悲しみます。今は亡き芸術家の遺した傑作、それが無価値のように切り裂かれてしまったとしたら、涙を流す愛好家さえいるでしょう。すべての人は神の傑作です。同じ人は二人とおらず、皆がユニークで同じ芸術家（神）に造られました。神にとってすべての人は宝で祝福になります。すべてが肉筆の署名入りです。偉大な作者のかたちに作られていて、すべての人が楽しめる美しい贈りものです。そのような美が破壊されるのは悲劇です。私たちが他の人を弾圧し、奴隷にし、支配し、黙らせ、卑しめ、閉め出すことは、神のこの上ない芸術作品をゴミ扱いしているようなものです。

神のことばに聞きましょう。

「ヤコブの家のかしらたち、
イスラエルの家の首領たち。
あなたがたは公正を忌み嫌い、
あらゆる正しいことを曲げている。
流血で…不正で……建てている。
…祭司たちは代金を取って教え、
…しかもなお、…
『主は私たちの中におられるではないか…』と言う。」（ミカ3章9−11節）

これは奴隷制度の描写ではないでしょうか。奴隷制度はこのような聖句で認可されたのではなかったでしょうか。人が殺され、その家族とすべてのアフリカ系アメリカ人にダメージを与えた私刑《リンチ》、身の毛のよだつような公開処刑はどうでしょう。私刑《リンチ》を加えた人間、見物した群衆、そのような荒廃を認可した権威筋にも破壊的影響がありました。ミカ書の聖句はまたアメリカ原住民族、日系アメリカ人の抑留、またジェノサイドその他世界中の非道行為も描き出していないでしょうか。権威を乱用して能動的・受動的にそのような悪に手を染めるとき、神の造られた人だけでなく、自身をも破壊していることに私たちは気づかないでしょうか。真実に向き合い本当の意味で悔い改めないなら、私たちの心はさらに頑《かたく》なになって悪を善と呼び続け、そのような嘘を次世代に受け渡してしまうのです。死臭は私たちにつきまといます。

何世紀にもわたって神の傑作を破壊してきた事実を前にして神が嘆かれたこと、また今も嘆いておられることを想像できますか。神の民として神の視点で見る、また神とともに泣くことを私たちは学ぶ必要があります。そのとき次のようなことが起きます。ルワンダでことばに尽くせない残虐とトラウマを体験したジェノサイド生存者のことばです。「人のした悪だけが見えていた。神が良い方だなどとは信じられなくなった。家族にとって教会は聖域ではなく、ただの墓地にすぎなかった。でも、あなたが来て、耳を貸し、心の痛みを受け止めてくれた。今は神が私に耳を傾け、心の痛みを聞き、避けどころになってくれると信じられる。あなたのおかげで神さまの心がわかったから。」

悲劇のただ中でも神から来る権威によって祝福を伝えることはできます。神の視点で見るとき初めてこのように祝福のわざがなされます。神は肉体をとって良き模範を見せてくれました。「主があなたに何を求めておられるのか……それは、ただ公正を行い、誠実を愛し、へりくだって、あなたの神とともに歩むことではないか。」（ミカ6章8節）しもべとなられた方の香りこそ死の匂いに打ち勝つ唯一の芳香剤です。

世代間トラウマの癒やし

神は人を豊かに祝福して次世代に引き継ぎ、あらゆる場所に神のかたちを持つ人を増やすよう、人をご自分のかたちに造りました。しかし最初の人が、神の支配からの自由の限界を示す木の実を食べたとき、祝福を引き継ぐ力が損なわれました。

人には子孫に遺すものはあってもそれが祝福ではなく、病い・破滅・トラウマであることがしばしばです。世代間トラウマがあるのは、あまりにも多くの場合、祝福の機能が、悲しみ・破壊・悪を受け継ぐのに使われているからです。受け継ぐ祝福があるときも、私たちが自分と違うとみなす人たちに分け合うのを拒むことが多いのです。このように神のかたちを運ぶのを拒むことで、子孫も自分自身も損なわれます。

感謝なことに、聖書には荒廃に対して神が祝福の約束で応答する場面が数多くあります。創造のわざが損なわれ人が神の祝福を持ち運べなくなった後、創世記12章で神はアブラムに言われました。

「あなたは、あなたの土地、あなたの親族、あなたの父の家を離れて、わたしが示す地に行きなさい。そうすれば、わたしはあなたを大いなる国民とし、あなたを祝福し、…地のすべての部族は、あなたによって祝福される。」（１－３節）

神は、人間が罪を犯した後でさえ、神の支配の下で生きるなら、地のすべての国々にまで祝福を注ぐと約束されました。イザヤ61章４節で約束されます。

「彼らは昔の廃墟を建て直し、かつての荒れ跡を復興し、…世々の荒れ跡を一新する。」

これはキリストについての預言の後に続きます。彼は、貧しい人、心の傷ついた者、捕らわれ人、奴隷とされた人のところに来られました。それによってキリストは廃墟を建て直し、幾世代をも癒されました。ゼカリヤ８章４－５節にはこうあります。

「……エルサレムの広場に、

老いた男、老いた女が座り、…

都の広場は、

男の子と女の子でいっぱいになる。」

もっとも弱い者、老人と子どもが街で安全に住む。神はすべての人に安全・喜び・祝福の場所を回復させます。例外はありません。神のかたちを運ぶとは、廃墟のあるところに必要に応えて変化をもたらす祝福を注ぐことです。たった一人に対してであれ、愛と時間を注ぐときにトラウマの影響力がとどめられ、希望が芽生え始めることを知って励ましを受けるよう願います。神はその癒やしにより未来を祝福してくださるでしょう。これは人の理解を超えた豊かな結果です。私たちが神に似たものとなりそのわざに参画するとき、神は私たちを通して廃墟をひとつひとつ建て直すことがおできになるし、きっとそうしてくださいます。

トラウマを抱えた人に学ぶ

臨床現場で最初に面接したある方は牧師夫人に付き添われて毎週通って来ました。牧師夫人は女性の心の傷を見て、なすすべがなかったからです。実は私もそうでした。休まずに毎週来て椅子に腰をかけてはいても、半年間は口を開けませんでした。最初は私が話しすぎましたが、そのうちただ静かに座って彼女と時間を過ごすことを学びました。後で聞いたところでは、その半年は彼女が人と一緒にいてくつろげた初めての体験だったそうです。私はそれと知らずに貴重な贈りものをしていたことになります。

彼女は私の先生でした。人の立場になって聞くこと、本当に理解するとはどう言うことかを彼女から教わりました。恐怖体験に耳を貸し、二度と同じことを一人で追体験しなくてもよいようにする方法を教えてくれたのです。一人の人間の癒しの筋書きを、あらかじめ描かないことも教えてくれました。神が本当に自分を愛しており自分にされたことを憎んでおられることをついに納得しました。それは、彼女が私に愛されたと感じ、彼女になされたことを私も憎んでいることを納得したからです。多くの失敗も犯しましたが私は諦めず、彼女を尊重し、愛をもって聴き続けました。究極的には、イエスとはどういうお方なのか、イエスのようになるとはどういうことかを、私は彼女から学びました。イエスが私たちのようになられたのは、私たちが彼のようになるためです。神は、欠けの多い人間を、少なくとも私をできる限り用いて、彼女に癒しをもたらされました。

　ここでお聞きしますが、自分がまったく知らない体験をした人に向かって、恵みとまことである方を証ししようとしたことがありますか。相手を矯正したり自分と同じようにしようとせず、相手の経験したことをその身になって耳を傾けたことはありますか。多くの場合、私たちはある程度までは聴きますが、最後には私のようになりなさいとか、起きたことは忘れて乗り越えなさいなどと言ってしまいます。それは自分中心です。イエス・キリストの向き合い方はそれとは違いましたし、今も違います。彼は、ひとりひとりと向き合い、ひとりひとりと個別に応じました。盲人の癒やし方はすべて同じではないことにお気づきですか。イエスを見て、ご自身と大きく異なる人々に対してどのように接したかを観察してみましょう。彼らとともにいたイエスは、一体どのようであったのでしょうか。

サマリヤの女とイエス

彼女は社会常識の枠を大きく外れ、見下げられていた人でした。前章でも出てきましたが、サマリヤ人はユダヤ人から見て人種的に劣等とみなされていました。混血で、ユダヤ人は彼らを純粋な異邦人よりも軽んじていました。先祖の血統を汚したと考えたからです。

当時の正統的なユダヤ人は、「あいつら」の住むサマリヤは通りませんでした。しかし、ひとりを追い求める神は、本来ユダヤ人が会うべきではない汚れた女性と出会うために、汚れているとされた土地に足を踏み入れました。イエスはユダヤ人が避けるべきと考えた偏見とプライドに凝り固まった理由そのものへの抗議として、あえて人の行かない道に足を踏み入れました。それによってイエスは、自分を正しいと考えている者たちをも追い求め、神とは本当はどのような方かを教えようとされました。習慣・偏見・信条・名誉・外見など、あらゆる障害を乗り越えて一人の女性を見い出し、ひいてはサマリヤの人々を見い出すためです。

その第一歩はどうだったでしょう。ご自分の必要を言い表すことでした。海・川・湧き水のすべてを造られた神ご自身が、飲み水を求められました。疲れ渇き、必要・弱さをこの「汚れた」女性のところに持ってきたのです。「お願いだから、水を一杯くれないか」と。そして彼女の水飲みに口をつけられたのです。肉体をとったことばであるお方が、人と同じように渇きを覚えることで、彼女と村全体のサマリヤ人の心への足がかりを作りました。

自分とは別世界にいると思われる人やグループを頭に浮かべてください。神がその人々の人生と発言を用いて、神ご自身について新たなことをあなたに教えてくださると想像できますか。自分とは違っている人たちに「あなたのことを教えてくれませんか？」と神の民である私たちは尋ねる必要があります。しばしば神の名を使いながら、そのことばを捻じ曲げてなされた長年の偏見と差別にもかかわらずイエスを愛している多くの人の前で、私たちは腰を低くすべきです。すべきことは耳を傾け、学び、ともに悲しみ、ともに歩み、私たちの主に似た者にますます変えられることです。祝福を与えるために、イエスはご自分を低くされて死にまで従われました。そこまでしてくださったのであれば、その名をいただいているクリスチャンも腰をかがめ、自分の思い込み・偏見・隔たり・傲慢《ごうまん》・権力欲に死ぬ道を選ぶべきです。そうでなければ主は失望されるでしょう。

広がる神の祝福

私たちが人となられた神にならうのなら、自分と違った人を神がどう見られるかをよく知ることが肝心です。第一に、そもそも私たちが「違った人」なのです。私たち人間は神とは違います。神は私たちの中に住むために無数の隔てを越えられました。神は、人間がご自分に近づくようには要求されませんでした。不可能なことだからです。神が人のところに来られたのみならず、人が永遠のいのちと癒しを得られるように十字架にまで歩まれ、必要不可欠な掛け橋になられました。私たちとなんという違いでしょう。人間は隔てを乗り越えることを望まず橋を掛けずに壁を立てます。人が神を知り、神のご性質を身に付けられるよう、イエスは文字通りいのちを捨てられました。それこそ神の支配のもとで生きることなのです。

二番目に、創造主なる神は多様性を愛されます。鳥・花・樹木などの自然愛好家は皆、それぞれの種の豊かさを語ります。私の庭の餌場に、ルリツグミ・カージナル・オウゴンヒワ・キツツキが同時に現れて目を楽しませてくれます。アンサンブルでは音楽家と楽器の多様性が美しさの一因です。チェンバロ・トランペット・合唱のないヘンデルのメサイアが想像できますか。自然や音楽に限りません。神は多様性に富む人類を造られ、今も創造のわざは続きます。キリストのからだ、その手・足・目・耳を見てください。すべてが異なりすべてが大切で、すべてに目的があります。すべては神の栄光とご性格を表します。三位一体の神ご自身です。多様性を軽んじ人を見下げる人は、創造の神に逆らう人です。神の造られた肌の色・賜物・ことばにできない多様性という美しいシンフォニーを否定するのはいかがなものでしょうか。神の支配を拒む人は、偉大な作曲家である神とその傑作を意味のないものにしています。あらゆる国のあらゆる人生の場面にいるあらゆる人に喜び美しさを見出し、また尊ぶべきです。

最後に、神が美しい人種の繁栄を喜ばれることは、国々種族の豊かさの中に見られます。人々が多様であるのみならず、国々が多様です。創世記12章で神はアブラムにすべてを捨てるよう命じます。私の支配に任せなさいと。そうすれば、「地のすべての種族は、あなたによって祝福される。」（３節）・・・すべての種族です。神はアブラムによって、すべての民族・すべての部族・すべての国を例外なく祝福していました。私たちもそうあるべきではないでしょうか。

だれかを辱《はずかし》めずに尊び、見下げずに敬い、搾取《さくしゅ》せずに配慮し、足蹴にせずに親切にし、見捨てずに注意を払うときは、私たちはいつもトラウマという悪の逆のことをしているのです。[6]

神はいつか安全と喜びと祝福の場を回復されます。それまで同じことに努めるよう私たちを召されました。何世代も続く荒廃を修復するよう私たちは努めているでしょうか。それとも「当時、自分はまだ生まれていなかった。終わったことだ。大丈夫だろう」で済ますのでしょうか。私たちの街や村で弱い人々が安全に暮らせるよう努力しているでしょうか。それとも「あいつら」はどこでもいたいところにおらせればいい、自分は別のところにいられて幸せだと思うのでしょうか。この世でのキリストのからだとしての私たちの存在は、国々に広い世界に身近な所にも祝福になっているでしょうか。

国々への祝福は、ペンテコステの日にも明らかでした。天の下のあらゆる国々の人々が集いました。神の霊によって、神のすばらしいみわざを聞き理解するために集められた美しい多様性です。すべての国々が同じ真理を耳にできるのが神の意図でした。私たちは今日キリストのからだとして、同じ真理を分かち合うように召され、その力を与えられています。ことばと行いをもってすべての人に神を知らせ、すべての人・国・民族が子羊の御座の周りに集められるのを私たちは待ち望みます。

１ James Baldwin, *Notes of a Native Son* (Boston: Beacon, 1955), 30.

２ Mark A. Noll, “Battle for the Bible,” *RPM Magazine* 15 (2013): 26, https:// thirdmill.org/articles/mar_noll/mar_noll.BB.html.

３ Melton A. McLaurin, *Celia, a Slave* (Athens: University of Georgia Press, 1991).

４ Isabel Wilkerson, *The Warmth of Other Suns: The Epic Story of America’s Great Migration* (New York: Random House, 2010), 418.

５ “Transgenerational Trauma,” Wikipedia, September 27, 2019, https:// en.wikipedia.org/wiki/Transgenerational_trauma.

６ Diane Langberg, Twitter post, September 19, 2019, 4:49 a.m., https://twitter.com/DianeLangberg/

第9章　教会での権威乱用

ルワンダには何度か出かけました。1994年に百万人近い人々[*]が百日間続く大量虐殺で次々と犠牲になったところです。世界中が沈黙し、さらに悪いことにルワンダの多くの教会は虐殺に加担しました。逃げ場を求めて来た教会の建物で多勢が、まさに教会の中で皆殺しにされました。今日、幾つかの教会は悲劇の記念として当時のままにたたずんでいます。現場に行くと、破壊されたステンドグラスから陽の光が差し込み、あるところでは二千五百体、別のところでは四千体と亡くなったときのままの遺骨が残されています。国中が地獄と化したばかりか、教会が地獄になりました。ある女性は「教会が虐殺現場だった」と言いました。「教会は聖なる所だとかつては思っていたけれど、今では墓地だと思っ

＊訳注　本書の３章でルワンダ大虐殺の犠牲者数を、「約八十万人」としているが、原出版社と協議の上、そのままにした。正確な犠牲者の数はわかっていない。

ている」とは、ある若者のことばです。いのちを与える主の聖所が、主の民と牧者たちの加担により死の場所になってしまいました。

どうしてそのようなことがありえるのでしょう？　神の民がどうして死の使者になるのでしょう？　十字架につけられた主に従うと公言する者たちが、隣人や友人に向かって自ら大鉈《なた》を振り上げたり、また虐殺のために引き渡すことがどうしてできたのでしょう？　イエスの名を掲げた教会で、血に染まった祭壇《さいだん》の上に聖書が開かれていて、人々が避け所を求めてきた所が、おぞましい死を遂げた被害者の遺骨で満たされるなどということがどうしてありうるのでしょうか？　どうして羊の牧者が噛み裂く狼になれるのでしょう？　クリスチャンと自称する人々が神を礼拝する建物で、どのように面と向かって殺人ができるのでしょう？　神のことばはそのような行いを戒めていることを知らなかったのでしょうか？　神が涙を流しておられることを知らなかったのでしょうか？　いいえ、確かに知っていました。では、そんなことはどうでもよかったのでしょうか？

これらの問いに答えを出すのは容易なことではなく、問題の深刻さがわかっているなどとは私も言えません。わずかばかりの知識はあるものの、十分に説明することなど及びもつきません。植民地主義のために、植民地は弱体化し、インフラが整わず、独裁・内戦・腐敗の温床となること、極度の貧困と教育不足により国民は絶望し、巧みにことばを操《あやつ》る人に盲従しやすくなることなどはわかりますし、人の心についても多少は分かります。「心は何にも増して偽り、治ることもない。」（エレミヤ17章9節　共同訳）心は自らにも人にも嘘をつき、正しい教えから逸《そ》れる傾向があります。しかし、どうしたらこれほどまでに道を外れてしまうのでしょう？

「偽りに満ちた」というヘブル語には、「足跡のある」という意味もあります。何かの見える跡・証拠が検出できることに関係します。子ども時代、猟師は身近な存在でした。彼らは獣の手がかりを探します。森の中の牡鹿《おじか》が体をこすった跡、足跡、フンなどです。注意深く見れば、欺かれた心も時が経つにつれて手がかりを残します。ルワンダの悲劇を理解するには、結果を説明してくれそうな証拠を探して時をさかのぼらなければなりません。

人の心は一朝一夕に大量虐殺を思いつくわけではありませんが、手がかりは残っています。同胞に対して意地悪で冷酷なことをする手段を見つけ出すときに大量虐殺は始まります。兄弟姉妹に対して昨日よりもよりひどい悪態をつくときに大量虐殺は始まります。曲がったことがやすやすとできるようになる時に大量虐殺は始まります。毒の匂いに気分が悪くならなかったら心は悪に染まっています。良心の痛みをなくしたら、もう悪の力のなすがままです。これは罪の残す足跡・証拠です。これが大量虐殺にもつながるのです。もし、個人の心でも集団でも、罪をなすがままにのさばらせたら、自分をも人をも殺してしまう結果になることが見えてきますか？

児童虐待の犯罪者やその共謀者の生活にも手がかりがあります。注意して見ると、世話すべき羊を食いものにする牧師の生活ぶりにも手がかりがあります。それは小規模の虐殺《ジェノサイド》です。民族すべてを抹殺はしませんが、人・尊厳・希望・信頼・信仰に死をもたらします。そのような行為は少しずつ姿を現します。ルワンダでの事件は、群を守り養うべき羊飼いが、加害者や共謀者になってしまう時にどうなるかという心痛む実例です。悲しいことに、ルワンダの教会は、わが国と世界中の教会で起きたことと起きつつあることを明らかな形で見せてくれます。

私はかれこれ四十年以上様々な虐待、それもクリスチャンの間での問題に取り組んできました。性的虐待・DV・牧師による性的虐待・レイプ・霊的虐待の被害者に会うとき、信仰を持つ人を相手にします。加害者と面接したり、また第三者から話を聞くとき、キリストを信じるという加害者本人の問題を直接・間接に取り扱います。虐待の加害者と共謀者は、加害の事実を隠し、言い訳をし、被害者を加害者のところへ戻すために、一貫して神学的な知識を持ち出していました。それは驚くべきことですが、虐待は被害者にも加害者にもダメージを与えるという事実を考慮していません。虐待行為は何世代にも渡って家族関係を壊します。教会、宣教団体、キリスト教団体も同じです。神のかたちに創造された大切な人々に害を与えます。

誰もがニュースで見ているとおりです。神の教会内で権威が乱用され、牧師や指導者が複数の会員と性的関わりを持っていた、お金を不正に運用した、品のないことばを使い、人をおとしめた、支配した…。または問題を知ってはいたものの、「教会のために」隠蔽工作に協力した…。

悲しいニュースに胸が痛むのは、教会内での虐待が、どこかの団体グループだけに起きているのではないからです。権威乱用とそれに続く隠蔽工作は、あらゆる規模の教会また教派に見られる広範囲の問題です。教会内の事実がすでに明るみに出されており、私たちはあってはならない問題と取り組むように神によって召されています。神の羊の群れを守り、先を見越して神の羊に害を与えることのない牧師を育て、神の家族の中で虐待被害に遭った方々に賢明に寄り添うため、これに関連する諸問題をよくよく理解することが肝心です。そうでなければ、羊を養わず自分を養っていたイスラエルの牧者たちへの神の叱責を、私たちも受けることになります。

「弱った羊を強めず、病気のものを癒《い》やさず、傷ついたものを介抱せず、追いやられたものを連れ戻さず、失われたものを捜さず、かえって力ずくで、しかも過酷な仕方で彼らを支配した。」（エゼキエル34章4節）

神が賜った力を羊飼いたちが誤って使い、傷ついた羊たちの世話をせず、イスラエルの群れを敵の餌食となるにまかせたので、神は彼らの手から群れを取り返しました。

霊的虐待

「霊的」と「虐待」は、本来一緒に使われるべきでないことばで、悪魔的ペアリングとも言えます。神の霊は虐待を憎み、明るみに引き出し被害者を世話されます。しかし私たちは「霊性」を間違った意味で用い、神のかたちに造られた人に害を与えてしまうことがあります。霊的虐待には人のたましいを傷つけ、欺くために、聖なるものを悪用することが含まれます。

そのようなひどいことをするのに用いられる道具は何でしょう？　あらゆる虐待につきもので一番明らかなのは、ことばです。人を傷つけ、悪を行うよう命じ、あやつり、欺き、おとしめるために神の聖なるみことばを使う時、私たちは霊的虐待をしています。「神は言われる」などと言いつつ、その神のご性質に反する自分でいることがあります。人を威圧し支配するために、神のことばをねじ曲げます。

信仰に関して人を指導する立場には本来、霊的な権威があります。牧師・神父・長老・ミッションスクールの教師・ユースリーダーなどはみな、信頼に根ざした仕事です。霊的な権威が、神を正しく代弁するとされることばへの信頼を呼び起こします。ある人の品性が高潔なものであることが前提であっても、本性を隠すために地位や肩書きが使われる時もあります。イエスのもっとも辛辣《しんらつ》な叱責は、人を虐げ、支配するために神のことばを悪用した人たちに向けられました。

神学の学位を持ち、聖書知識豊かな牧師が、文脈を無視して聖句を取りあげ、権威をかざして何かを宣言することにより、愛をもって導くべき人々を傷つけることができます。神学的真理をなめらかに説明する人が、必ずしも神に忠実なしもべであるとは限りません。霊的指導者はあらゆる資源を揃えており、それにより、ことばでも性的にも情緒的にも物理的にも経済的にも霊的にも害を与えることができます。使われるツールや方法にかかわらず、あらゆる形の虐待には常に霊的なダメージが伴います。性的・暴力・ことばの虐待をしていて霊的虐待をしないことはあり得ません。

霊的なリーダーシップ

エドウィン・フリードマン氏は、1985年の著書『ジェネレーション・トゥ・ジェネレーション』で、「今の文化が求めるリーダーの資質は、専門知識とカリスマだ」と言います。[1] 悲しいことに、キリスト教界でもリーダーに同じ資質を期待してきました。専門の知識・技術が要求されると、リーダーも能力で評価されることになります。良いリーダーは専門家で、常に情報を得てますますその道に熟達していくということになります。すると牧師は、神学・教育・説教・カウンセリング・会計予算・管理・調停・人間関係などについて知識や技術を示せる人ということです。リーダーは、知識を増やし業績を上げ、話し方もよりよくなることが期待されます。これらの能力を示せば、成功者になるのです。

リーダーシップは、さらに豊かでさらに高度な技術を身につけ、感動的な結果を達成するという終わりのない無端ベルトに帰してしまいます。予算の帳尻を合わせ、興味深く霊的に深い説教をし、カウンセリングで素早く問題を解決し、効果的で機能的な奉仕活動を運営する…。

フリードマン氏によれば、現代社会がリーダーに求める二番目の適性はカリスマ（ある人々が持つ強烈な人格的魅力）です。豊かなカリスマを持つリーダーは、分裂したグループを一つにし、感動をもたらし、人を行動に駆り立てます。事がうまくいっているというメッセージを出し、人を楽観的にさせるのです。

専門知識とカリスマという期待に応えようとするリーダーは、とてつもないプレッシャーを覚えます。そのようなリーダーに従うグループは、物事がうまくいかないとリーダーが悪いという前提でいます。当然、期待された結果が出なければ、リーダーは一般的にはさらに力を込め、成功という目的をおびやかすものは何でも隠そうとします。

強力なリーダーの存在が、教会の成長・広範な影響力・メディアへの露出・潤沢な資金の流れなどと同時に起こると、これはすべてリーダーのおかげだと人々は思います。したがって、そのリーダーへのいかなる攻撃や批判を問題にしません。リーダーへの脅威はすべての人への脅威なのです。

そのような仕組みを前提にすると、教会の指導者が奉仕の外面的な結果に支配されることがよく分かるでしょう。要求が大きくプレッシャーがあると、リーダーは活動そのものに熱心になり、それをキリストへの服従と同一視する誘惑に陥りがちです。何が成功し、収入を増し、人数を増やすかで決断が下されます。それ自体悪いことではなくても、それが中心になると大変困ったことになります。仕事を第一にする誘惑です。しかし本来、神からの召しは仕事を愛し仕事に没頭することではなく、イエス・キリストご自身への召しです。イエスは、70人の弟子をご自分の行かれる町々に前もって派遣します。弟子たちは帰ってきて喜び勇んで成果を伝えます。イエスは、ルカ10章20節で、要するにこう言われました。「奉仕活動の成功を喜ぶのではなく、わたしを知っていることを喜びなさい」と。結果を求めることを優先すると大きな不安が生じます。この成功は続くだろうか、嘘がバレないだろうか、もっと上手くやっている人はいないだろうか。リーダーは果てしない不安をしずめようと、人を動かし薬物を使い、不法なことでも気分が良くなることなら何でもしようという衝動に駆られがちです。

リーダーの品性・育ち・説明責任

ほとんど語られないことですが、品性と生育歴は指導者に大きな影響を与えています。一般的に人は指導者を品性ではなく能力で選びます。キリストのからだの指導者の選定は、持って生まれた能力ではなく、霊的成熟とキリストらしさを基本にすべきです。キリスト教界であまりに未成熟な指導者が、霊的な成熟さでなく、賜物のゆえに権威の座につくのを私たちは目撃してきました。語り口がさわやかで神学的洞察が深ければ、人格的に成熟し正直でもあるはずだと思い込んではなりません。繰り返しますが、神学的な真理を説明する能力のある人が必ずしも神に忠実なしもべということを意味しません。残念ながら、奉仕活動の成功はうぬぼれに陥りやすいのです。

教会の働きは、奉仕活動への召しではありません。私たちの本当の働きは、成功しようが失敗しようが批判されようがほめられようが、すべてにおいてキリストにならう姿であることです。もし数・成長・名声が神の基準なら、イエスは失敗者になります。キリストにならうことは、外面的に計られるのではなく、御霊の実を結ぶ度合いによります。数ではなく寛容さです。名声ではなく謙遜と自制です。

多くの牧師は、自分の生育歴が今の自分、ひいては自分の奉仕活動にどう影響しているかをよく考えたことがないようです。暴力的でアルコール依存症の父親にけなされたり叩かれたりして育った少年がいるとします。自分が受けた悪影響をよく省みることもなく、奉仕の場、説教壇、権威の地位につきます。頭が良く弁舌に優れ成功はするかもしれません。しかし、批判者への対処能力、自己弁護、人と親密になりにくいことなどが、父親から怒られたことからくる失敗への恐れと相まって、弱さを露呈します。何かを直されたり批判されたりすることに脅威を感じます。

人格的成長や自身の生育歴の理解は、伝道者牧会者の訓練で普通は強調されません。人間の心が欺きに弱いことを考えると、これは賢いこととは言えません。多くの若い教会指導者は、幼少期に教会生活をしておらず、大学時代に信仰を持ち、神学校に進む人もおり、いきなり主任の牧会者として立つようです。親や本人が、かんしゃく持ち・アルコール依存・不品行・ポルノ・薬物などの問題を持っている場合があり、神についての知識は豊かでも、善行や「霊的な」成功を収めることを強調している場合もあります。破滅的な結果になるまで、そのような態度の背後にあるプライドや高ぶりが考慮されることがありません。

荒野でのモーセの四十年、アブラハムの何十年という待ち望む年月、イエスの荒野での四十日、荒野とタルソでのパウロの孤独な年月の意味を、私たちはあまり評価していないようです。長いこと神と向き合って過ごさずに働きを始めた指導者は一人としていません。これらの牧者たちのだれ一人として、イエスでさえも、白馬に乗った王子様のようには登場しませんでした。それなのに、私たちは指導者たちが、良い結果・良い感情・すばらしい経験を与えてくれて、できるだけ多くの人の好意を得るよう期待します。世界は良い羊飼いなるお方を本当に知ることができるよう、霊的影響力のある人を求めています。このお方は、群れをどう世話し、養い、守ったらよいかを心得ています。羊であることがどういうことかもご存知です。なぜならご自分が人の体を持ち、私たちの上にではなく中に住まわれたからです。

教会の牧師や団体の指導者の多くは、自分のことを配慮し教えてくれる人がいません。どれほど多くの若い、また熟年の牧師が、良いメンターの必要を涙ながらに訴えられたか、その切実さはことばになりません。耳を貸し、また聞きにくいことも質問してくれる人を求めています。忠実な奉仕について、正直な働き方と家庭生活について学びたいのです。多くの牧会者は、鎧兜《よろいかぶと》を脱ぎ、普段着で付き合える相手をだれ一人持っていません。

これらすべての要素を見ると、奉仕の場は牧師とその羊にとって危険なところであることが分かります。この真理を私たちが把握し損なった結果である派生した問題について、教会は真剣に考え直す必要があると私は信じています。もしくり返し出来の悪い作物を実らせている土地があるとき、木や植物に腹を立てても仕方ありません。土地そのものを見直し、全面的にテコ入れする必要があります。神の羊を飼うことの意味と良い羊飼いになるために、「神が」求めるものをよく考えることが必要です。神の国においては品性が最優先です。この世で実を実らせるのは人の品性で、その実はキリストの謙遜とキリストの香りに満ちたものです。

霊的な文脈における権威

権威と愛情・共感の相関性についての調査では、社会的地位の高さと他人の苦しみへの情緒的反応の低さとは関係があるそうです。[2] 言い換えると、人が力を持てば持つほど共感力は減ります。どのような状況でもこれは問題ですが、教会のような霊的な場では恐るべきことです。愛の欠如と神の召しとは正反対です。

ある調査では、団体で権力を持っているとみなされている人々には一定の特徴があるそうです。[3] 牧師や教師にこういう特徴があると想像してみてください。

・人前であまり気兼ねしない
・人の気持ちを正確に読み取れない
・人の感情にあまり反応しない
・人の気持ちに合わせて自分の要求を加減しない
・話す人の苦しみのレベルほどには苦しみを感じない
・人を型にはめてとらえる
・金銭的に豊かである
・邪魔されたり結果を考えたりせずに行動できると感じている

・抑制が効かずわがままな行動をする

もし、実際に羊飼いが四つ足の羊をこのように扱ったら、羊は死にたえます。羊飼いの方が頭はよく回り、したいことができ、羊の悩みにふさわしく応えない。羊など「何もわからん連中だ」と考えているかもしれません。羊はまったく無防備です。

比較して、こちらは権威に縁遠い人々にある特徴です。

・より気兼ねをし、脅されたり罰を受ける
・権威ある人々の気持ちに合わせる
・権威ある人々の喜びより怒りに譲歩する
・高い地位にある人々の苦しみにより反応する
・攻撃やいじめに遭いやすい
・女性か、権威者とは別の人種である
・他人に注意を払い、油断なく警戒している
・自分の考えを相手に直接は伝えない[4]

権威に縁遠い人々の弱みはまぎれもなく明らかです。これらの結果を、権威ある人々によって神のことばが語られる霊的な文脈において見るとき、神の名による虐待の起きる可能性はかなり高いことが分かります。神の家は、神の民の避けどころとされていますが、実のところそれほど安全ではありません。預言者エゼキエルに聞いてみましょう。

「それゆえ、牧者たちよ、主のことばを聞け。わたしは生きている──**神**である主のことば──。わたしの羊はかすめ奪われ、牧者がいないために、あらゆる野の獣の餌食となってきた。それなのに、わたしの牧者たちはわたしの羊を捜し求めず、かえって自分自身を養って、わたしの羊を養ってこなかった。

それゆえ、牧者たちよ、**主**のことばを聞け。

神である主はこう言う。わたしは牧者たちを敵とし、彼らの手からわたしの羊を取り返し、彼らに羊を飼うのをやめさせる。もはや牧者たちが自分自身を養うことはなくなる。わたしは彼らの口からわたしの羊を救い出し、彼らの餌食にさせない。」(エゼキエル34章7−10節)

羊の群れは、私たちが牧者と呼ぶ人々に滅ぼされる危険を帯びています。羊飼いは、世話をすべきものを食い物にするとき脅威となります。旧新約聖書はこれについて声高に語っており、私たちの多くは、教会やキリスト教団体で弱い羊が被害に遭っているのを見てきました。弱い立場の人々のためのみならず、私たちの神のためにも、私たちがことばと行いで対処すべき重大問題です。共謀や沈黙は、害になるだけです。私たちも同じ罪に問われてしまいます。

ケース・スタディ

神学校を出たばかりのある若者が、大教会のユース・ディレクターとして雇用されました。彼の責任は少人数のグループでしたが、最初の二年間で急成長し、本人もやりがいを感じました。ところが、気になることがありました。三人の女性が主任牧師のもとへひんぱんに訪れます。ある晩、忘れ物を取りに教会に戻ると、三人のうちの一人が牧師の書斎におり、建物の中には他に誰もいません。後日、ユース・ディレクターはそのような面接の仕方についての懸念を主任牧師に伝えました。しかし主任牧師は何も不適当なことはなかったと言いました。「僕を信用しないのかい？　僕はもうここで十五年も働いているんだよ。もうちょっと信頼してくれていると思ったんだけど」

数ケ月後、二名の少女が性的虐待をされたと、ユース・ディレクターとその妻に訴えました。一人の加害者は教会の長老だと言います。長老の娘と遊ぼうと家に行った時に被害に遭ったのです。二番目の少女は、大学生グループの一人からレイプされました。少女は二人とも14歳でした。ユース・ディレクターは、通告義務がある案件と考えました。念のため主任牧師のところに行って、聞いたことを伝え、虐待被害を当局に通告しますと言いました。主任牧師は腹を立て、誰にも言うなと命じました。「いいかい、僕はこの教会では神に任命された権威者だ。それを尊重して言うことを聞きなさい。この問題は僕が処理する。この長老のことはよく知っている（二人は毎週ゴルフをしていました）。女の子が言っていることには何の根拠もない。男子大学生にも僕が話す。息子の友達だから」

ディレクターは悩みましたが、妻と共に主任牧師の言うことに逆らってでも通告はすべきだと思いました。少女たちが犯罪被害に遭ったと言っているのです。

通告を知って、主任牧師は激怒し、長老会を開いて事実とは異なる説明をし、教会の権威・秩序への不服従によりディレクターは解雇すると決定しました。プライドが強すぎるとも言われました。解雇は同日付けで、責任を持っていたユースグループとは顔を合わすことも許されませんでした。退職金は不支給。グループには、ディレクターは教会の権威に従わなかったので解雇された、青少年にも良い模範とは言えないから、と説明されました。

このことを認められない人が多いかもしれませんが、教会は会衆のすべてを霊的に踏みにじりました。闇の行いを明らかにしようとする告発者を黙らせるために、神の名・神のことば・神の権威が利用されました。会衆は欺かれ混乱しました。彼らは起きた事実はこうだから、結論はこうと一方的に説明されました。長老会は、危機を穏便に処理し醜聞をかき消そうと、罪深い牧者に盲従し、欺き・

威嚇《いかく》・断罪・操作・隔離などの手段を用いました。真実を覆い隠すために、権威者たちができることのすべてをしました。虐待とは別のことを問題に仕立て上げたのです。ディレクターは、神が建てた権威に「従わなかった」。被害者は大げさに言っていた。誤解だと。勇気あるユースディレクターは、真実を伝え弱者を守ろうとしたために高い代価を払いました。次の職を得ようとしても良い推薦状はもらえない可能性が高いでしょう。二人の少女の言い分は無視され、神の家で見捨てられました。その人生と信仰生活へのダメージは圧倒的です。本来は安全なところであるべき場所で被害に遭ったのです。

被害者が黙らされ、権威が乱用されました。非人間的なものは何でも人を黙らせます。虐待すること、隠蔽すること、虐待について嘘を言うことは非人間的です。誰でも神のかたちに造られた人をそれ以下に扱うことは、人格の否定です。ことばと呼ばれた神は、そのかたちに造られた人が声を持つよう意図されています。神は人の内なる個人的な声を重んじます。神は私たちを話しができるよう造られました。その声が黙らされ、潰されることは望みません。

外側の声という力

内なる声とは別にもう一つ、力のある声があります。すべての人はこれに深く影響されています。

個人の内なる声は、大きく強い外なる声を背景としています。自分とは違う個人・家族・教会・文化・組織・または国などの声です。教会では、外なる声は神に代わって語るとされる指導者の声です。

ここまで見てきたように、私たちは自分が生きる社会を深く考えることもなしに、正しいものとしています。外なる声が言っていることと言っていないことに注意を払わず、神のことばの下に吟味することをしません。虐待の現実について外なる声が嘘を言う時でさえ、私たちの生きる社会の声が自分と一体化しているかのように従います。例えば、外側の声を代表する指導者が、虐待行為を暴露する者を悪者（自己中心、自分に注目してほしい、見当違いなど）で、団体が神の名によってしようとしていることを妨害するから黙らせなければならない、と言うかもしれません。外なる声が沈黙していてもメッセージははっきりと伝わります。教会指導者は、教会を守ることや教会の権威を預かっているという主張を声高に主張するかもしれませんが、虐待行為についての沈黙は別のメッセージを伝えています。つまり、沈黙と本当かのように聞こえる嘘を伝える声との、極めて有害な組み合わせです。

この段階はもう一歩進みます。悪行についての沈黙は理屈づけをされ、神の名を守るためなのだと支持されます。指導者のそのような論理は、犠牲者と従う者の沈黙を助長します。右に挙げた例では、犠牲者は声を上げ、ディレクターも真実を明らかにしようと声を上げました。声が聴かれないか無視されるかして、強要されるか失望で声は聴かれなくなります。指導者が沈黙し、虐待行為を否定すると、被害者は黙り込み、信仰はずたずたにされ、希望は消え果てます。

神も沈黙していると被害者は感じます。これまで多くの人が、神の家が再び安全な場所になれるでしょうか、と私に聞いてきました。そのような質問をしなければならないこと自体が実に残念です。

良い羊飼い

私たちが従うお方は、ご自分を良い羊飼いだと言われました。旧約聖書で、羊飼いは創造主の最高のしもべを表すタイトルでした。私たちの主のように、群れを世話するために自らを低くするしもべたちです。主についてこのように言われています。
「主は羊飼いのように、その群れを飼い、
御腕に子羊を引き寄せ、懐《ふところ》に抱き、
乳を飲ませる羊を優しく導く。」（イザヤ40章11節）
この羊飼いの描写を、5章で登場したケニー・スタブルフィールドさんの話（105頁）と比べてみてください。
イエスは、盗人や強盗が先に来ている（ヨハネ10章1節）と言われ、続けて「わたしは良い牧者です。わたしはわたしのものを知っており、わたしのものはわたしを知っています。わたしはすべてに安全な場所を与え、養います。わたしは彼らのために自分のいのちを捨てます。」（同14−15節）違いに注目しましょう。イエスの主な目的は羊を守ることで、盗人や強盗の目的は自分と組織を守ることです。これまでのケース・スタディーでいのちを捨てたのは、犠牲者たち、ユース・ディレクターそして会衆でした。牧者たちは逃げおおせました。このイエスが、弟子たちに「わたしの羊を飼いなさい」（同21章17節）と言われたのです。パウロは、のちにエペソ教会の長老たちに同じ比喩を用いました。「あなたがたは自分自身と群れの全体に気を配りなさい。神がご自分の血をもって買い取られた神の教会を牧させるために…あなたがたを…お立てになったのです。」（使徒20章28節）教会がこの教えに従う牧者を生み出していないなら、何かが根本的に狂っています。神の名前が汚されています。

羊を養わず自分を肥やす指導者は、偽りの羊飼いです。キリストのからだの権威ある地位にあって羊を虐待し、良い羊飼いに知られその名前で呼ばれている羊になされた虐待を隠す人は、神の名を冒涜《ぼうとく》しています。神は、エゼキエル34章に書かれている羊飼いになされたように、その人々に立ち向かわれます。神の教会も神とともにそのような羊飼いには立ち向かうべきではないでしょうか。ところが、私たちが何かを言うとしたら、「それは単なる過ちだった。指導者は大変なプレッシャーを受けている。赦して忘れるべきではないか？」それだけなのです。神の民は、腐敗した羊飼いを支え続け、群れを危険から救い出すことをしませんでした。噛み裂く狼を別の群れに移すだけで、彼らが羊と神の敵であることを告げません。神は、やめなさいと言っています。指導者たちが良い羊飼いのようではなくなっています。羊の形をした狼について語られている神のことばに不従順な人々につき従う会衆も同様です。彼らは羊飼いと一緒に崖から転落しています。秩序を乱したからと、羊が神の家で虐待され見捨てられるとはどうしたことなのでしょう。

エゼキエル34章では、自称「羊飼い」が追い出し、失われてしまった羊を、神ご自身が捜し、取り返すと言われます。傷ついたものを癒やし、病気のものを力づけると。（同11－16節）それに比べ、私たちは虐待加害者を介抱し、その地位を守っています。マタイ7章15－16節に記録された主のみことばを忘れてしまったかのようです。「偽預言者たちに用心しなさい。彼らは羊の衣を着てあなたがたのところに来るが、内側は貪欲な狼です。あなたがたは実によって彼らを見分けることになります。」羊のようには見えるが、飽くことのない貪欲な狼です。羊の形をしているならどうやって見抜けるでしょうか。人格の実、正体から出るものでわかります。私たちの知っている人が、誰かに暴力を振るった、また性的に虐待したなどと聞くと、「あの人のことはよく知っている、そんなはずがない」などと私たちは思います。しかし、聖書には、人の心は欺きに満ちているとあります。人は自分自身の心さえわかりません。不祥事を信じるのは困難ですが、聖書は、イエスは人のうちに何があるかを知っておられたので、誰をも信じられなかったと言います。（ヨハネ2章24節）私たちは、「あの人のことは知っている。彼らのことは信じている」などと言いますが、イエスは、「彼らのことは知っている。わたしは彼らを信じない。彼らがどんなことができるかを私は知っている」と言われます。イエスは、私についてもあなたについてもそう言われます。聖書は、神は見かけではさばかれず、義によってさばかれると言います。私たち人間は見ること聞くことでさばき、人の心はわかっていると思っています。イエスは、麦のそばに毒麦も現れると言われました。偽物が本物に紛れているのです。毒麦は、最初は本物の麦によく似ていて見分けられません。しかし、どれほど近くに植わっていても見かけが似ていても、いずれ違いは明らかになります。キリストの名を名乗る者の本質的な力は、偽の力によって真似されてきました。真のきよさが偽の神聖さに模造されました。神のことばを知り、歌い、唱和し、教えることはできても、真の実が、私たちの家庭・生活・世界に欠けているかもしれません。話上手で聖書の知識のある人が、霊的に成熟していると決めつけないほうがよいのです。指導者がナルシストで、自分を肥やすためにその組織とその中の人を利用していることもあります。

品性は、実生活の中でのみ、明らかになります。イエスのいのちは、私たちの死ぬべき肉体においてまぎれもなく否定もできないよう明らかに現れるとパウロは言いました。（コリント第二4章10－11節）私たちはことばのみならず、実によって、内側から出てくるものによって知られます。最後の試金石は品性です。木の本質は実によって分かるからです。聖書註解者ヘンリー・バートンは「行ないは、品性の現れである。人間は自分自身を生きるのだから」[6]と言います。

これまでのケース・スタディーを考えてみてください。指導者の中のどんな特徴が、否定できない形で現れていたでしょうか？　ことばとは裏腹に、傲慢《ごうまん》、嘘、侮辱、隠蔽体質が明らかでした。神のことばをよく知っていれば、神が本当に言われたことが勝手に曲げられていたことが見えてきます。

真の教会

どのような苦しみや悲しみの中にあっても、人の子によって配置された弟子は、置かれた所で王なる方に忠実に、傷を癒やし涙をぬぐい、嘆きを讃美に変える働きをしています。神の国を建設しているのです。神は、組織ではなく、ご自分の民を通してこの世を変えられます。建物でなく団体でもなく、私たちがこの世において神のからだです。効果のほどは、私たちの知っている神のことばなるお方が私たちの生活をどれほど変えてくださったかによります。私たちの内におられるキリストの力の自然な現れは、謙遜・正義・奉仕で、神が内住される人のしるしです。その逆は、高飛車な態度・プライド・支配欲です。イエスが言われたように、「一番偉い人は、みなのしもべになりなさい」という基準で、人をも自分をも省みてください。真の奉仕はキリストの名を使って自分の利益のために支配権を勝ち取ることではありません。教会が、高飛車になりプライドに膨らむ時は、何か清くないものを宿しています。

マタイ21章で、イエスはエルサレムに入城され神殿に行かれます。そこでは神の名によってきよくないものが売り買いされていました。イエスは、売り買いする者を激しいことばで追い出され、同胞を略奪する者のための巣窟にして神の宮を汚す強盗と呼ばれました。イエスによれば、その巣窟は略奪被害者のために壊されねばなりませんでした。そのような状況下では、宗教行事ですら冒涜です。キリストに似た品性を養うべきところが逆に霊的感覚を鈍麻させる麻薬になっています。神の家でそれが起きているとき、犠牲者のためにはもちろん、自らを欺いている者のためにもやめさせねばなりません。

イエスの行動の後に起きたことには興味がひかれます。不義を行う両替人たちが追い出されたあとに、目の見えない人たちや足の不自由な人たちが来て、イエスに癒やされました。子どもたちが「ホザナ」（今、救ってください）と叫びました。ヘブル語の語源には、「助ける、援助する」という意味があります。[7] 人を食いものにする強盗が宮から追い出された後で、助けを必要とする者たち、弱者・足や目の不自由な者・幼子らがやって来ました。かつては冒涜されていた神の宮が、今や病院や保育園であるかのように一変しました。[8] 祭司長たちは、子どもたちがなんと言っているか聞いていますかと尋ねました。明らかに、それは邪魔で、黙らせるべきものだったのです。どこかで聞いた話ですね。

イエスは詩篇8篇2節のみことばで答えられます。

「幼子たち　乳飲み子たちの口を通して
あなた（神）は御力を打ち立てられました。
あなたに敵対する者に応えるため
復讐する者を鎮めるために。」

小さい者・弱い者・傷つきやすい者たちによって、偉大なことがなされます。捜し、救い、守り避け所になってくださいという叫びが応えられる時、その時、敵が沈黙させられます。もし私たちが注意を払いさえするなら、小さい者たちの声にはなんと力があることでしょう！　子どもでも大人でも傷つきやすい者を黙らせようとする時、私たちは神の宮を守るのではなく、実は神の宮を冒涜し、敵の声を増幅しています。主に従うとき、被害者だけでなく私たちの人生の中にも贖いの力を招き入れます。神は弱い者になされた罪を見てその叫びを用い、私たちをご自身に似たものにするように招かれます。なぜそう言えるかと言いますと、神は多くの被害者の痛めつけられ壊された人生を用いて、私のうちに良いわざをなされたからです。それは神からの贈り物でした。

イエスは、人を搾取していた者たち、主の宮を汚した者たちを追い出し、それから小さい者弱い者、神の敵に対して力を打ち立てる者たちを受け入れました。ならば、小さい者弱い者が「今、私たちを救ってください」という声を、神の民がどうして黙らせることができるでしょう。傷つきやすい者を守るのではなく私たちの組織や看板や地位を守るなら、私たちは神の民とこの世の中における神の贖いのわざを妨げています。

どうか、キリストのからだである私たちが、不義を追い出し、弱い者を受け入れ、神の敵に対して力を打ち立て、神の敵を沈黙させられますように。どうか私たちが、教会の会堂であれ地域社会であれ講壇であれ、そこがどこであれ、強盗の巣窟の中に愛と真理を持ち運び、そこを私たちの偉大な神の栄光に満ちた場所に変えていただけますように。この神が私たちのために弱い者となってくださったのですから。

1 Edwin Friedman, *Generation to Generation: Family Process in Church and Synagogue* (New York: Guilford, 1985).

2 Gerben A. Kleef, C. Oveis, I. van der Löwe, A. LuoKogan, J. Goetz, and D. Keltner, "Power, Distress and Compassion," *Psychological Science* 19, no. 12 (2008): 1315–22.

3 Dacher Keltner, Deborah H. Gruenfeld, and Cameron Anderson, "Power, Approach and Inhibition," *Psychological Review* 110, no.

2 (2003): 265–84.

4 Keltner, Gruenfeld, and Anderson, "Power, Approach and Inhibition."

5 Diane Langberg, Twitter post, December 31, 2018, 11:54 a.m., https://twitter.com/DianeLangberg/status/1079828249092517894.

6 Henry Burton, *The Expositor's Bible: The Gospel according to Luke* (Lon- don: Hodder & Stoughton, 1890), 114.

7 Wilhelm Gesenius, *A Hebrew and English Lexicon of the Old Testament*, 4th ed. (Boston: Crocker and Brewster, 1850), 435.

8 G. Campbell Morgan, *The Gospel according to Matthew* (New York: Revell,1939), 251–52.

第10章　権力の惑わしとキリスト教界

私たちクリスチャンは片足を一般社会に置き、片足をキリスト教の世界に置いています。古い世代の私たちの多くは、一般社会が向かおうとしている方向と、若い世代へ与える影響力には、控えめに言っても多少の驚きを禁じ得ません。だれにも自分の居場所と感じられる快適な空間が必要です。私たちは一般にキリスト教界を安全なところと考えるので、一般社会に対するほどには内部に対する識別力が働かないかもしれません。だれも居心地悪く感じ、傷つきそうな場所にはいたくありません。私たちは、親しみのあるキリスト教界の毒をそれと知らずに吸い込んでいます。

多くの人がキリスト教界やその一部を、キリストご自身と混同しているのではないかと私は危惧します。両者は同じではなく、同じであったことがありません。団体・機構・活動・組織などは、イエス・キリストではありません。単なる人間の作った組織で、神の民が集い礼拝し学び仕えるところです。キリスト教界全般も、生けるキリストのからだと同じではありません。イエスご自身、麦の中に毒麦があり、羊の中に狼がいて、指導者の中にも時には見せかけの信者がいるとおっしゃいました。

これは確かに複雑なテーマですが、キリスト教界も一つのシステムで、周囲の文化と共存しつつ自らを維持しようとしています。キリスト教界も他のすべての組織と同じく、自衛のために資源・エネルギー・権威を用います。もし疑いがあるなら、牧師による子どもの性的虐待事件が発覚した時に何が起きるかを見てください。真実を語ることが教会への脅威と考えられることが少なくありませんが、それはおかしなことです。真の教会は闇に光を照らすものだと神がはっきり言われているのですから。光を照らすとは、物事をありのままに見てありのままに発言することです。キリスト教界は、奴隷制度・人種差別・DV・性的虐待など、神が憎まれる恐ろしいことがらを聖書を使って認可してきた歴史があります。キリスト教界の一部は、真理よりは権威のほうに関心があるのではないかと私は疑っています。私たちは、名声・財産・地位・評判・小さな王国を手にしました。ところが同時に、ポルノにとらわれ、多くの結婚は破綻《はたん》し、虐待を隠蔽《いんぺい》し、次世代に信仰が受け継がれず、団体や教会で自らの羊を食いものにする指導者たちを擁護《ようご》しています。すでに述べたように、私たちの主には似ても似つかないキリスト教指導者・団体についての多くのニュースが報道されています。キリスト教界は、キリストではありません。ぜひ欺かれることがないようにしてください。

組織としてのキリスト教界

6章で、組織とは様々な部分が複雑な統一体を構成し、ある目的のために働くものだと学び、9章では、祝福のために神に計画された組織が、共に立って神の名を用いて人間の中にある神のかたちを破壊することもあると学びました。神の名をかたるグループや団体が行う組織的な虐待は、ことばにならないほどの害を与えます。個人的に知っている多くの方が、そのような組織で被った被害について口にしました。組織の中の誰かに虐待され、羊飼いのところに訴えても、その人は被害者を無視し黙らせ拒み、逆に責めたのです。「クリスチャン」の組織による虐待の場合は、一加害者から受けた害がさらに増幅されます。

子ども時代を思い出してください。外で遊んで、転び、ひざをすりむいたときにまず何をしたでしょうか？　親のところに行ったでしょう。その時、親が薬物に溺れていたり、やみくもにどなったり、お前がバカだからだと言ったりしたらどうでしょう。だれも自分の痛みなどわかってはくれないという現実に直面します。傷の痛さに加えて見捨てられ、価値を否定され失望します。重なる心痛はたましいに刻まれます。その時子どもが学んだことは、「自分は親の時間を割く価値はない」「自分が悪い」

「自分は親の邪魔をしている」などですが、これはみな嘘です。親にせよ教会の指導者にせよ、そのような扱いをされた子は、神についての嘘が心に刻まれます。「神は自分のことなど見ていない」「自分などに関心はない」「痛い思いをしたのは自分が悪い」そういう思いは、おいそれと拭《ぬぐ》い去れるものではなく、心に刻み込まれます。悲しいことに、子どもの犠牲者も大人の犠牲者も、キリスト教界とキリストとが区別できません。起きたこととキリストご自身とは全く違うのですが、多くの人はそう理解せず、信仰も希望も粉々にされます。

キリスト教界の誘惑

だれもが意味や目的や人とのつながりや祝福を求めるでしょう。キリスト教組織もこれらのものを提示します。望みを叶えてくれるという組織や指導者を、私たちは冷静に見定めることをしないことがしばしばです。ヒトラーは、パンと尊厳を求めるドイツ国民の願いを叶えると約束し、国内の多くの教会が従いました。物理的な世界と同じく、霊的な世界にも引力があるようです。地上の王国が、私たちの願いに沿うように霊的なことばをもってささやきます。私たちは約束された祝福が手に入るものと期待して、組織の敷いたレールの上を走ります。その引力は、人間とそのことばであり、必ずしも神からのものではないということには、なかなか人は気づきません。神の王国にではなく地上の王国を愛し、それに従ってしまいます。霊的なことばが使われるときに、この二つが同一の王国だと私たちは思いこまされていますが、実は違います。

指導者も従う者も同じようにだまされます。多くの人にとって底にある思い込みは、神の国は人間の基準で測られ、目に見えて今ここにあるものだという強固な信念です。それはイエスの弟子たちも信じ願ったことです。権力、巨大な数字、名誉、世界的な賞賛が神の祝福であるとされます。私たちの願いが指導者の約束と一体化され、約束された「成功」の王国に盲従します。私たちは十分に吟味することなくキリスト教文化を呼吸しているので、私たちは指導者の約束を神の約束と信じて支援し忠誠を誓います。そこでは、嘘・権威乱用・性的虐待・貪欲・欺き・高慢・地上権力との妥協がしばしば要求されます。この世の様式でもあることですが、私たちは目の前で起きていることを、神のことばの光で識別・吟味せず受け入れます。外面的なあらゆる王国は、歴史を見れば例外なく滅びましたし、これからも滅びるであろうことを私たちは忘れています。目にみえる王国を求めている限り、欺きに足をすくわれやすくなります。

神への奉仕には本質的な誘惑がつきまといます。これは微妙な危険であって、多くの人が見逃し、最初の愛から離れてしまいます。奉仕の働きには誘惑に満ちていて、人を主への愛と服従から引き離そうとします。最初は、自分が神に呼ばれて神の与えたビジョンに満ちていると信じます。ところがビジョンが膨らみ、要求されることが多くなると、奉仕者はキリストではなく、仕事の要求に従順になります。何が成功し財政を豊かにし成長を促すかで物事が決まります。「何しろ神のものなのだから、この働きをなくすわけにはいかない」と考えます。指導者の中におられるキリストのいのちが滅び始めます。そうすると、働き人は、キリストではなく仕事に仕えることになります。良い働きではありますし、神が召された働きなのかもしれないし、実を結んだのかもしれない。しかし働き人は、イエス・キリストに真実であるよりも、働きの成功に焦点を当てています。

　オズワルド・チェンバーズは言います。「あなたがイエス・キリストに忠誠を尽くすことに対抗するものは、それが何であっても警戒しなければならない。イエスに対して真の献身をするにあたって、最大の敵は、実に私たちがイエスのために行なう奉仕である。[1]」神のための働きが、家庭・夫婦・静かな時間と学びをおろそかにするほどなら、その人は優先順位を取り違えています。品性より業績が大事になっているなら、優先順位を間違えています。奉仕の働きが私たちをキリストの品性から遠いものに変えているなら、本末転倒です。「奉仕の働き」という名の暴君は、人が倒れるまで情け容赦なく仕事に駆り立てます。この主人にとって、私たちの品性がどうか、教えていることを実行しているか、父のみ心を喜ばせているかどうか、などはどうでもいいのです。大事なのは、ただ仕事がうまくいくかどうかだけです。仕事という名の主人は、満足することがありません。大きなものはますます大きくし、真実が暴露され目にみえる王国が危うくなるなら、なんとしても隠さねばいけない。これは指導者と従う者共に起きる誘惑です。組織になんらかの脅威が迫ると、従う者たちは全面的に防戦態勢をとり、指導者と自分の地位と組織と見かけばかりの真理を守ろうとします。

二番目の誘惑は、人の世話をし始め、その渦中に巻き込まれ、逼迫《ひっぱく》する必要を意識し出すと、まず第一に自分が羊飼いではなく羊であることを忘れることです。羊であることを忘れると、人を動かし、人を変え、人を成長させることに集中して、羊飼いなるお方と緑の牧場と憩いの水を求めることをしなくなります。

神の羊の世話を長くしていると、神がご自分の民をなぜ羊と呼ばれたのかということを経験によって悟ります。羊が愚かなことをし、他の羊に従って谷間に迷い込み、群れから離れ、犠牲になるのを見ます。そして「愚かな羊の群れのやることだから」などとつぶやき、まるで自分がこれらすべての羊の羊飼いであるかのように、不満を持ち、怒り、高慢に陥ります。読者は何らかの形で神の羊の群れを養う働きに召されているでしょうか? 牧師、教師、カウンセラー、親として羊飼いの働きをしているかもしれません。しかし、神はあなたを羊飼いとして召されるはるか前に、ご自分の子羊、愚かなことをし、他の羊の後について谷間に迷い込み、他の獣の餌食になるような愚かな子羊としてあなたを召されたことを、決して忘れないようにしたいものです。あなたは偉大なる牧者のそばを一歩も離れてはならない子羊です。それこそ他の羊を導くもっとも賢い方法です。羊はそういうあなたについていきます。羊飼いとしてのあなたの価値は、子羊として大牧者に依存した、弱く愚かな子羊としてのあなたの生き方にかかっています。この大牧者に従わないで、どのように羊飼いの働きについて何事かを知ることができるでしょうか？

羊飼いの仕事をして、プライド・さばき心・優越感・欺きを抱くようになるなら、その人は自分が子羊であることを忘れています。第一に子羊であるという自覚がない羊飼いは危険な羊飼いで、大牧者に従うことをやめています。もし父なる神の前に永遠の価値を持つ者でいたいなら、人生で最優先すべきは羊飼いではなく子羊としての自覚です。足をすくわれることがないようにしたいものです。

三番目は、仕事が神との関係を締め出すという誘惑です。「公の場で神のためにする働きは、人知れず神と交わり、神と一つとなる程度の深さによって、その永続的な価値が測られる。[2]」私たちの基準は成功ですが、神の基準は私たちとご自身との親しい関わりです。神との個人的な関わりによって、私たちは奉仕にふさわしく整えられます。キリストとの交わりは、あなたの生活という織物に欠かせない糸になっているでしょうか？　それともキリスト教の働きに没頭するあまり、キリストご自身と過ごす時間がなくなっていますか？

クリスチャンの働きは神と交わる時間とのせめぎ合いです。なんという皮肉でしょう。しかし、そのようなものと考えておくべきです。神が私たちを召した目的である仕事が、神と過ごす時間から私たちを引き離す危険があります。しかし神の仕事のため必要なものは、クリスチャンとしての隠れた礼拝の生活の中で備えられます。あなたは備えられ、強められ、守られたいのならば、神との関係を深めてください。

様々な分野で神に仕えている方々を見ていて気づくのは、祈ることをしない人が多いということです。「私は祈りの人ではないから」とか「自分は本当に祈りを学んだことがない」と指導者が言うのを聞きます。言い換えると、祈らなくても説教もできるし教えることもでき、教会や団体を指導し成長させられるということです。祈りが公けの場での義務や食事の前の儀式としてのみで、率直に言って実際的でなく、必要でもないとみなされています。仕事は待っている、プログラムは進行させねばいけない、面接を待っている人がいる、祈っている時間などどこにあるのかと言います。しかし、私たちが仕えると告白する主は、何かの準備としての祈りではなく、祈りそのものを大切なことと考えられます。祈りは実を結び、その実を残す働きの道です。絶えず祈り絶えず主の声を聞くことなしに、主の働きができると考えるなど、なんと愚かなことでしょう。

神との途切れない交わりを持つという基本以外のもので、神の働きができるなどと考えることがありませんように。救い主の足元に日々座ることなしに、知恵と疲れを知らない愛と尽きない力が湧いてくることなど考えられるでしょうか。主は、「必要なことは一つだけです」（ルカ10章42節）と言われました。一つしか必要なものはない。一つしかない。二つではない、三つでも四つでもない。仕事を片付けるのがその必要な一つではありません。それをマルタは学びました。マルタの仕事は必要で、イエスと弟子たちのお世話であり大事なことです。でも「どうしても必要なこと」ではありませんでした。常に礼拝し、学び、主の足元で聞く、それが必要なことなのです。どうか騙されませんように。

四番目の誘惑があります。誰よりもイエス・キリストを愛し従うのではなく、人間の指導者に従うような誘いです。私たちは何か成功しているものの一部になりたがります。キリスト教指導者の仲間の一部に、それが無理ならば従う者の一人になりたい、奉仕を正しくやっている、何か特別なことに参加している、何々について正しい教義を信じている、などと考えます。キリストではなく、人間の指導者や組織に従うのは簡単です。立ち止まって考えてみてください。キリスト教の著名な指導者で、最近、働きを破綻させ、人をも自分をも破綻《はたん》させた人を思い出してください。私たちは、品性をよく見定めることなく、光るものにはなんでも従う傾向があります。多くの目の見えない導き手が、そのように羊を落とし穴に導き入れました。詩篇20篇7節でダビデは言いました。

「ある者は戦車を、ある者は馬を求める。
しかし私たちは　私たちの神　主の御名を呼び求める」

成功した指導者・活動・数に頼らないでください。名声や栄誉に頼らないでください。ベストセラーの書物や豊富な知識に頼らないでください。それらはイエス・キリストではありません。イエスはそういう活動を何一つしませんでした。指導者である方々は、そのような基準ではなく、イエス・キリストの品性によってご自分を評価してください。信者は、右の様々なものを持っていてもキリストに似ていない人には従わないように。一人の主がおられるだけで、それは人間の指導者や組織ではありません。

願望を吟味する

指導者にも従う者にも心の願いはあり、それは大事です。愛に飢え乾き、安心や意義を求めていますか？　業績や栄誉を求め、人の尊敬を求めますか？　それ自体決して悪いものではありません。人間ですから。しかし、それらを満たすと約束する強力な組織や魅力ある個人に、あなたは騙されやすくなります。私たちこそ今まで誰もできなかった、より新しい大きな良いことができると思い込みます。自分が必死に求めていることを指導者の中に見出したかのように信じこみ、羊の皮をかぶった狼を見破れなくなります。悲しいことに、キリスト教界の組織が私たちの願いを満たすと約束をし、吟味されていない約束を信じた人たちに大きな害が及びます。

有名になりたい、一番になりたい、最大の効果を出したいと願う指導者も信徒もいます。それらの願いは組織のメンバーのためになるとされます。私たちは伝道の鍵を持っている。かつてないほどキリストの名を世界に広める。私たちがこの国の孤児問題を解決する。私たちは福音を知らない人に良い知らせを届けるのだ…。しかし、何かが人間の組織を脅かし、その夢の実現が危うくなった時、どうなるでしょう？　性的虐待が暴露された時、指導者の家庭でDVが報告された時の反応はどうでしょう？　詐欺や会計不正の訴えがあった時はどうでしょう？　そこでは誰が守られるでしょう？　組織が最も守るのは誰でしょう？　指導者ですか？　権力構造ですか？　組織の維持ですか？　組織が錦《にしき》の御旗《みはた》にしている信仰は、どう反応するでしょう？　どのような実を結ぶのでしょう？

自分がつながる組織と指導者を私たちは正しく評価しなければなりません。彼らの品性と私たちの品性を評価しなければなりません。どんな組織・どんな指導者も人のたましいを満足させられません。私たちが飲む泉が、魅力的な説教者やある種の礼拝体験であってはいけません。それ自体が悪いわけではありませんが、キリストではないのですから。

キリスト教界の品性

キリスト教界の組織や指導者について覚えておきたい大事なことがいくつかあります。まず、キリストに似る者になることだけが、正しく神を証しする道であるということです。良い働きをした指導者が、妻を裏切ったり舞台裏で同僚や部下に無礼な言動をしたりすることがあることはすでに書きました。表面上の結果がいいからと、そのような行いを大目に見たり隠したりすることがよくあります。真に父なる神を喜ばせる信仰は、見かけの数や大きさではなく、品性とキリストらしさに表れます。真にキリストに従う人は、生活の隅から隅にまで御霊の実を結びます。真のキリストの弟子の信仰は、親切・優しさ・自制・忍耐・忠実さなどに表れます。これらはイエス・キリストへの感謝と愛に溢れるキリストの弟子の品性です。この実のない人は、どれほどの業績や成功があってもイエスに従ってはいません。キリストらしさにおいて成長してはいません。

二番目に、イエスはどれほどの代価を払ってでも父なる神に従い、もともと神が定めたものであっても組織を維持しようとはされませんでした。人の心の内を明らかにし、生まれ変わらせるために働かれ、そのために目に見える組織はご自分に捧げられた神殿さえ破壊されるがままに任せました。神殿や、指導者と従う者など個人に対してもそうでした。いつかすべての王国を支配する神の王国で私たちが主とともに支配するならば、それが目に見える組織を失うことになっても主にのみ従うべきです。

三番目に、イエスは神の国は目に見えるものではないと言われました。神の国は、この世のものではありません。神を愛し、従う人々の心に存在します。

神は御霊の実という品性を宿す人の内に住まわれます。ジョージ・マクドナルド氏がこう言いました。「キリスト教のため教会のためならば何でもするように見える人々がどれほどいることか。ただし、主が気にかける一つのこと、主が命じていることだけは彼らはしない。…彼らは主のもとを去り、自分の教会を誇る」[3]

仮に読者に元気いっぱいの可愛い女の子がいるとします。その子が病気になり、医者から癌だと言われました。治療しなければ望みはありません。治療が始まると娘は衰え、気力を失い、痩せ、目の光を失います。このまま死んでしまう気がします。もう一度健康を取り戻し、前のように笑い声を立てて庭を駆け回ってほしい。ひどい副作用のある治療ですが、回復のための唯一の方法です。胸がつぶれる思いがしますが、心を鬼にして娘がこれに耐えられるよう祈ります。

それこそ癌を患っているようなご自分の民をご覧になる父なる神のみ心です。多くの人は、いつかは死に負けることを考えず、見かけの健康を保つために治療を拒みます。私たちの神は焼き尽くす火です。その火とは愛で、癌を焼き尽くすために何をもいとわない愛です。神は、ご自分のみからだである教会が外見を保つ以上に、ご自分のかたちをうちに保つことを願います。

いちじくの木の話を覚えていますか？　イエスはエルサレムに戻る途中で空腹を覚えました。緑の葉が生い茂っていて健康そうでした。何かあるかどうか見に行かれましたが、葉の他には何も見つかりませんでした。いちじくは普通、葉が出る前に結実しますが、葉が茂るのは夏で、それはまだ先の話でした。茂った葉は見るものを欺いていました。主は期待に添えない不作のいちじくを実物教材として、神の民が神が期待される実を結んでいないことを示しました。木が実を結んでいない現状を非難したのは実を結ばないからではなく、早まって繁茂した葉が実のあるかのような印象を与えていたからです。

このエピソードは、究極的には、神が計画・命令された神殿組織についてです。それは自らを良いもの、神に忠実なものに見せつつも実を実らせてはいませんでした。その前日、イエスは町に近づき神殿を見下ろし、泣かれました。参詣する者たちは豪華な式服や香料で、身を飾り、エレミヤの時代のように「主の宮だ！」と叫んでいました。今もそうですが、彼らの心こそ神が望む神殿であることを忘れていました。神と人とを愛することが神の心を喜ばせる犠牲であることを忘れていました。神の民の心に生まれる義の実を神は望まれます。見せかけの成長をしていた葉の繁茂には関心がありません。

悲しいことに、キリスト教界はしばしばこの世を真似《まね》たり、権力者と一体化したりしてきました。目にみえる王国を築こうとしたのです。長らくキリスト教界は国や王など世俗権力に加わり、寄り添ってきました。そういうときには神の民は預言者としての声を失います。教会が人の世に光を照らすのではなく、世と混じり合って見分けがつかなくなります。光の作用は隠すことではなく照らすことです。キリストではなくキリスト教界にのめり込むことで、私たちはその光を暗くし、道を誤りました。

腐敗をあばいて根こそぎにすべき者自身が、腐敗してしまいました。世を照らす光はどこにありますか？　浄める塩はどこにありますか？　自らをキリストのからだと呼びつつ、そのかしらに従わないことがしばしばだったキリスト教界の悔い改めは一体全体どこにあるのでしょうか？　かしらに従わない身体は病んでいます。身体の健康のみならず霊的な領域でも同じです。そして私たちのかしらなるお方は、人への愛のゆえに、人種・性・階級・民族・宗教・道徳などすべての隔てを壊されました。私たちすべてを受け入れ愛し、ご自分のようになるようにと呼び寄せられました。もしそうして下さらなければ、だれもキリストのもとへは行けません。

あわれな群衆の話を覚えているでしょう。イエスに付き従って空腹を抱えていた五千人です。イエスは彼らを満腹させ、余りくずは十二籠に一杯になりました。大成功の奉仕と言えます。人々もそう思いました。イエスは預言者だ、この人を王にしようと思いました。目にみえる王国がすぐさま欲しかったのです。群衆が望んだものは、神の望むものでもありました。王としてのイエスです。そのような場面で目にみえるものに流されるのはなんと簡単なことでしょう。群衆は一致していました。神が究極の目的としていた王としてのイエスを彼らも望みました。イエスがすべての人の上に王となることを。王座に座られ、全ての国々はひざまづく。人の心もすべての王国もイエスが支配される。

そのときイエスは奇妙な行動をとりました。一人で山に退かれたのです。せっかくの機会は失われたかのようです。本来の目的が成就するすべての条件が整ったと思われたそのとき、イエスは身を引かれました。なぜでしょうか？　父なる神に仕えていたからです。人々やその願い・要求にではなく父なる神に従ったのです。主の選択は、機会・成功の約束・必要・人の願い・目的の美点などに支配されませんでした。

良さそうに思われる道にあなたが誘われるときはイエスを思い出してください。仕事が主人ではありません。主人は神だけです。目的は、神の目的であり、それは神の方法で達成されます。タイミングも同じです。あなた自身が神のものでなければなりません。仕事の目的のためにではなく、主なる神のみに奉仕してください。

指導者も従う者も、聖か俗かを問わず組織には簡単にだまされます。しかし人も組織も結ぶ実によって知られます。多くの人が、いのちの約束で満ちているかにみえて実がない木にだまされました。良い実は常に、キリストらしさを持つ人によって実るという真理から離れることがありませんように。それは私たちの生活にある御霊の実という品性です。賜物は確かに神のくださるものですが、品性とは違います。御使いのことばで話し、神学的な奥義を理解し、貧しい者に施しをしても、キリストのようでないこともあるとパウロは言います。ことば・知識・知性・人類愛などは御霊から生まれる実ではありません。どうか自分自身が偽ものになったり、偽ものに惑わされたりしませんように。キリスト教界とその魅惑や約束にではなく、キリストだけに従ってください。キリスト教界はキリストではありません。自分はキリストの内に生き、動き、存在していると言えるほどにキリストを求めてください。

1 オズワルド・チェンバーズ　尾崎富雄訳『限りなき主の栄光を求めて』いのちのことば社 2024, 27 頁

2 同上 14 頁

3 George MacDonald, *Unspoken Sermon Series III*: Kingship (London: Long- mans, Green & Co., 1889), 560.

第三部

権威と贖《あがな》い

PART 3

Power Redeemed

第11章　贖《あがな》いの権威とキリスト

私たちが従う主、肉体を持たれた神は、人として世に来られたとき、当時の宗教・世俗の生活様式の中で生きなければなりませんでした。ローマ帝国とユダヤ国家はともにこの方を憎み、元々仲の良くなかった両者であるのに、権力に屈しないキリストを亡き者にするために手を組みました。ミロスラフ・ヴォルフ氏*は、「ある宗教が暴力に関与しているかどうか見定める最大の決め手は、ある政治的な目標と一体化していることと、その目標を実現し守ろうとする勢力とからみあっていることだ」[1]と言いました。ユダヤ教の指導者たちとローマ帝国とは、まさにそのような関係でした。

イエスは言われます。「わたしは自分から（自分を中心として）は何もしません。わたしは

＊　クロアチア出身の神学者（1956 - ）

父から教えられたことを話します。わたしを遣わされた方は、わたしとともにおられます。…わたしは、その方が喜ばれることをいつも行うからです。」（ヨハネ8章28―29節）

父なる神を愛し服従することがイエスの原動力だったので、当時の人にも組織にも脅威でした。言わば問題を引き起こす人であり、問題発言をする、聖なる反体制派でした。イエスの品性は、ローマの覇権・武力・冷血さ・征服欲・圧政にとって脅威でした。また一定の権力を持ち、儀式主義で頑《かたく》なで排他的・批判的な宗教組織にとっても脅威でした。その組織のおおもとである神ご自身は、組織自体とは大違いです。父のご性格と目的に反する個人・社会・国家・民族・宗教すべてにキリストは立ち向かいました。人の作った組織とは離れ父なる神にのみ従う忠実さだった最後が、あの十字架刑だった…とそう思われていました。

油断もすきもならないこの世の中を歩もうとする私たち信仰者は、イエスから何を学べるでしょうか。私たちはあのような服従は苦痛だと考えます。しかし、神への服従以外を優先するときに、霊的には貧しくなっていきます。イエスの生きる道・たましいの食物は、神であり神のみでした。教義・人種・民族・部族・国家でも、一連の道徳律でもありません。イエスの精神・心・選択肢を知ろうとするなら組織ではなく、父なる神を知らなければなりません。このキリストが、巨大な組織を揺るがし、世界を一変させるのです。弟子として私たちもそうあるべきです。

人の心にあるキリストの品性

第一に、キリストは、人の心の中に王国を築いているのであり、私たちが慕い求める外面的なものの中にではないということを再確認しましょう。エルサレムの神殿は美しい建物で、神の定めた儀式・偉大な知識や教義を誇る宗教指導者・大勢の参拝者がいました。美しい建物・感動を呼ぶパフォーマンス・神学的美しさや正確さ・大観衆などは今日のキリスト教世界が高く評価するものです。

しかし、神の目的は昔も今も、まず神の民が神を礼拝することです。神だけがきよいお方だからです。ほふられた子羊のゆえに、人は神を礼拝するにふさわしくされます。

二番目に、神の民は礼拝の結果として、真理・愛・謙遜をもって世に仕え、飢えた者に食べ物を与え、職場では正直に働き、見知らぬ者には優しく、また恵まれない者を世話すべきです。神はその民に祝福をもたらす力を与えましたが、当時のイスラエルは羊をほふることで金銭を得つつも、非難・分裂・弾圧・腐敗・無関心などがはびこっていました。神の民は、神とはどういう方かを理解せず、肉体をもって現れた神を認めませんでした。外面的な美しさは神にとっては意味がなく、本来神に由来するものであっても、それがご臨在の証拠でもなく、ましてや神が承認しているのでもありません。

イエスは、人から出るもの、人の中心から出るものが人を汚すと言われます。（マタイ15章11節）

私たちはこれが分かっているのでしょうか？　人を汚すのは我が国の政治状況ではなく、この世にはびこる不道徳ではなく、より良い成績を期待するプレッシャーでもなく、より多くのお金・名声・より多くのフォロワーでもありません。それらが人を汚すなら、イエスも汚れていたことでしょう。イエスは、死の収容所にも等しいこの世に来られましたが、神の命に満たされていました。きよくいられたのは、その内にきよくないものがなかったからです。中にないものは外にも出て来ません。かえでの木からはりんごは実りません。問題は、土壌でも雨でも太陽でも農夫でもありません。それはみな大事ですが、かえでがりんごを実らせないのは、それがかえでの性質だからです。

キリスト教指導者が性的不道徳を暴かれた状況を想像してみてください。まず何を言いますか？それは嘘です。「自分はやってない。ただ路上で客待ちしている女性を助けようとしてうっかり失敗したけど」これは事実を曲げたカモフラージュです。霊的な言い回しが使われることもあります。それがうまくいかないと次は何でしょう。「うん、確かに自分がやった。でも、最近うつっぽくて、家内との仲はメチャクチャだし、仕事のプレッシャーも強くて」言い換えると、「自分の外で起きていることが原因だ。不道徳は自分から出たものじゃない」と言うのです。しかし注意してみれば事実が暴露されたとき、彼から出てきたのは自己欺瞞と嘘で、動機そのものは問題ないという言い訳です。色々な事情のせいだと言わんばかりです。確かに事情はあったでしょう。つらかったのでしょう。しかし、心のどこかに、すき・嘘・甘え・欲望があり、それらの事情の中で心の隠された腐敗が暴かれたのです。つまり、オズワルド・チェンバースも言います。「危機の時に、品性が明らかになる」[2]。

イエスは言われます。「聞いて悟りなさい。人を汚すものは、人の外にあるものではなく、人から出て来るものです。中にないものは出て来ません。」（マルコ7章14―15節）物理的にもこれは真理です。

「甘い水で満ちているコップは、どれほど激しく揺すられても一滴も苦い水をこぼさない。[3]」揺れは、コップの中にあるものを露《あら》わにするだけで、中身を作り出すことはありません。それで、彼らはその実によって知られます。周りにあるものではなく、中から出て来るもので心の中が分かります。危機の時に人が破綻《はたん》するのは、毎日の生活でくり返す選択により心が既に弱くなっているからです。朝起きて突然不道徳になる人はいません。不道徳は、静かに徐々に時間をかけて進みます。私たちは、自己欺瞞《ぎまん》という麻薬で麻痺させられ、コップが揺すられて中身が暴露されるのです。

心の王国においてキリストのようであれば、内から流れ出るものもキリストに似たものになるでしょう。そうでないなら、私たちの中に必要な変化を起こしてくださいと祈る必要があります。人々は、味わう水によって私たちの中にあるいのちの泉を知ります。

イエスは光

「神は光であり、神には闇が全くないということです。もし私たちが、神と交わりがあると言いながら、闇の中を歩んでいるなら、私たちは偽りを言っているのであり、真理を行なっていません。」（ヨハネ第一の手紙1章5－6節）光は隅から隅まで差し貫き、探し、入り込みます。光は動植物すべての健康と成長に不可欠です。光が当たると、どこでも現実が明らかにされ、真理をもたらします。それ自身は目に見えないのに、他のすべてを照らし、また照らし出すものによって自らは変化しません。光は動物の死体や下水や腐ったものを照らし明らかにしますが、自らは汚れません。それが私たちの神です。それで、イエスは汚れによって汚染されなかったのです。妥協する者を照らし出しつつも、ご自分は妥協しなかったのです。

神の子である私たちは、光である神と交わりを持っていると言います。ならば、その光を歓迎すべきです。神は、「わたしを知っていると言いながら闇の中を歩いているなら、あなたは嘘つきだ」（第一ヨハネ1章6節）と言われます。あまりにも明瞭です。光と関わりつつ、闇に従事することはできません。光である神と交わりを持って歩むと言いつつ、ポルノにふけったり人の度重なる罪を隠蔽《いんぺい》したり、権力・名声・自己義認にしがみつくなら、嘘つきです。神の光の中を歩むと言いつつ伴侶にきつく当たり、弱い立場の人を虐げ、ネットで人を中傷し、傲慢な心で人を見下しているなら、私たちは嘘つきです。本当に神とともに歩んでいるなら、プレッシャーが強かったとか、嫌なことがあったとか、スケジュールがきつくてとか、悪意はなかったとか言わないで、自分の間違いをありのままに光の下に引き出すでしょう。そのような言い訳は、きよい神への高圧的な反抗です。

闇は隠し、おおいます。事実をゆがめ、隠し、邪魔をし、見えなくし、汚点を上塗りします。私たちは闇を利用して、自分から、人から、そして神から自分を隠します。人を責めることばの陰に隠れ、正義などということばを使います。言い訳・自己義認・嘘により、自分の心を暗くします。光を告白しつつ闇の行いをするなら、私たちは罪を犯しており、罪は死に至ります。肉体の死のみならず、明瞭なビジョン・正義・確信も死に絶えます。長く罪を犯し続けさせるものは生活の基本構造にしっかりと組み込まれてしまうので、もはや見えません。それで、イエスはパリサイ人を盲人の案内人と呼びました。

「この方（イエス）にはいのちがあった。このいのちは人の光であった。」（ヨハネ1章4節）

二つの統計値に光を当ててみましょう。クリスチャン男性の64％、クリスチャン女性の15％は、少なくともひと月に一回ポルノをみています。[4] 神と交わりがあると言いつつ、闇の中を歩んでいるなら、私たちは嘘をついており真理を行なっていません。自らを欺いていて、光は私たちのうちにありません。私たちは同性愛や中絶などの問題について書いたり話したり声高に主張しますが、自分自身の選択については口をぬぐい、真理を行いません。母の胎で神の形に編まれ造られた人の写真をおとしめ卑しめ、踏み躙《にじ》ります。そのようなものを内に取り込んでいながら、人を尊ぶ生き方ができると本当に思うのでしょうか？　闇を吸いこみながら自分は光を放てると信じているのでしょうか？　心は闇の道に訓練され、闇を維持するために私たちは自分の良心を麻痺させ続けます。多くの人が、「これはただの写真ですよ」などと言いました。はっきりさせておきたいのですが、「ただの写真」にとらわれ、ポルノ作成作業を強制されて、オンライン取引にまで手を出した人を知っています。たった8歳で路上生活をしながら売春し、売られてポルノ制作に使われた少女たちもいました。そのようなものを見ることで、神の子と自称する者がそういう世界に資金を提供しているのです。

様々な統計によれば、福音派に属する私たちは世俗社会と同じ割合で離婚し、伴侶に暴力をふるいます。[5] そして、結婚は聖なるものだなどと言うのです。私たちは愛するように命じられていますが、どのように愛するのでしょう。イエスが愛されたようにです。しかし、調査によると、私たちクリスチャンが一番、違う人種の隣りには住みたくないと言うそうです。[6] 同じ信仰者同士でも、自分とはなんらかの形で違う人に対し、非情で批判的で残酷です。神は、ユダヤ人もギリシャ人も、未開の人もスキタイ人も、奴隷も自由人もありませんと言われます。（コロサイ3章11節）神は光であって、神には闇がまったくありません。

私たちはみな、クリスチャン指導者の不道徳・不正会計・高慢で人を見下げた虐待的リーダーシップについて、多くの悲しむべき話を聞いてきました。闇の生活の片りんを見せている高い地位にいる人々を私たちはかばってきました。それは、膨大な支持者がおり、頭脳明晰《めいせき》で歯切れがよく、音楽や講演などの賜物があるからです。ですから光を照らすのではなく、闇に加わり、言い訳をして正当化し、妥協をし、犠牲になった人々には耳を傾けず、世話もしません。奉仕の名目で私たちが、犠牲者は言うに及ばず、これら指導者を進んで闇の中においている事実が見えるでしょうか？　目の見えない導き手とはよく言ったものです。彼らを擁護《ようご》することで私たちは共謀し、その闇の中に閉じこもります。ある種の人に対して行える最大の正義は、その生活の闇を光の下に出すことです。虐待者を暴くことは正しいことなのです。ねじ曲がった行いを隠すことは不義です。指導者の高慢を暴《あば》くことは正しいことです。逆に大したことではないと言ったり言い訳などするのは、誤りです。

チャールズ・スポルジョン牧師は、「不正直に対して寛大でいることは、被害者にとっては酷《こく》なことだ」[7]と言いました。ディートリヒ・ボンヘッファー氏は、「他者の罪を見過ごしにするあのなまぬるい態度にまさって冷酷なことはほかにありえない。兄弟を罪の道から引き戻す厳しい叱責にもまさって憐れみ深いことはほかにない」[8]と言いました。それこそ、光なる神が私たちのためにしてくださったことであり、今もしてくださることではないでしょうか。「自分の姿をよく見て、わたしのところに来なさい」と主は言われます。

イエスは愛

神は愛です。「愛のない者は神を知りません。」（ヨハネ第一４章８節）愛は、造られるのではなく神ご自身から流れ出ます。神は人の腐敗という事実を知りつつも、愛によって人を追い求められます。これは驚くべきことです。私たちは腐敗を見ると、そこから離れるか欺瞞《ぎまん》に逃げ込みます。良いサマリヤ人のたとえ話にありますが、私たちは祭司やレビ人のように道の向こう側を行きます。愛は、光により真実を見て近づきます。パウロの手紙にあるように、この愛は限りなく寛容で、不親切な人に対しても親切です。この愛は、「高慢になりません。礼儀に反することをせず、自分の利益を求めません。真理を喜ぶ愛です。闇を照らし出す光を喜ぶ愛です。（コリント第一13章４－６節）愛は、ことば・ふれあい・食事・コップ一杯の水・謝罪・承認・子どもに読んであげるお話など、この世で神の愛を伝え神をお喜ばせできる無数のことができます。神の愛は自ら行動する愛で、向こうから近づくのを待ちません。私たちには大事でない人でも神にとっては大事なので、私たちのうちにある神の愛は人に向かいます。

「神を愛すると言いながら、兄弟を憎んでいるなら、その人は偽り者です。」（第一ヨハネ４章20節）神は人の愛を支配し、人の心で第一の者、私たちの中心でいたいのです。人の心がどれほど神に支配されているかが試されるのが他者への愛においてです。神はあなたの中心におられますか？　それならば、愛する価値のないと見える人に向かっても愛があふれ出ます。神がまず私たちを愛してくださったので、私たちは神を愛します。その誠意ある神の愛の証拠が、人への愛です。私たちの神への愛は、人に向かうべきであって、そうでなければ神を愛すると言うことばが嘘になり、私たちは自分を欺いています。

キリストは、目に見える神の愛のかたちであり、人類の絶滅にもなるほどの力を持つ毒・致命的なウィルスを止めるために、究極の深みまで降りられました。私たちのかしらである方は、ほふられた子羊です。私たちが犠牲者であれ加害者であれまたはその両方であれ、彼が捜し出せないほどの深みにはだれも行けません。しかし探し出されるのは、私たちを良い気分にするためではなく、私たちが彼とともに暗闇と悪が作り出した基本的な構造に立ち向かい、今度はその愛によって人にも向き合えるようになるためです。

愛の光の中を歩む

ここで一呼吸おいて、あなたの隠れた心のことを思い巡らしてください。もしあなたがキリストをご存知であるなら、愛なるお方が心の内に住んでおられます。主はあなたの心の部屋を巡り歩かれます。あなたの考え方を知り、ことばと思いに耳を傾けられ、他のだれも知らない裏道にも足を運ばれます。すべての出入口・廊下・クローゼットが開いていることを望まれます。そこを歩かれる方は悪と闇にとっては憎むべき敵で、鍵の掛けられた戸にじゃまされたくないのです。すべてをご自分の義と無限の愛で満たそうと望まれ、祝福を与えつつたましいの内を行き巡りたいのです。その確かな知識とご自分の光と愛への服従をもって、あなたにもキリストのようにこの世に出ていってほしいのです。主は、詩篇15篇の体現です。

「主よ　だれが　あなたの幕屋《まくや》に宿るのでしょうか。
だれが　あなたの聖なる山に住むのでしょうか。
全き者として歩み　義を行い
心の中の真実を語る人。
舌をもって中傷《ちゅうしょう》せず
友人に悪を行わず
隣人《となりびと》へのそしりを口にしない人。
その目は　主に捨てられた人を蔑《さげす》み
主を恐れる者を　彼は尊《たっと》ぶ。

損になっても　誓ったことは変えない。
利息をつけて金を貸すことはせず
潔白《けっぱく》な人を不利にする賄賂《わいろ》を受け取らない。
このように行う人は　決して揺《ゆ》るがされない。」

目標があまりに高すぎると感じるなら、イエスご自身も神にとどまりつつ、この地を歩まれたことを思い出して下さい。歩くのは平凡な行為です。一歩また一歩と進むことに、だれも感心はしてくれません。しかし、イエスのように歩むことは、平凡を一変させます。とどまるとはキリストの心と知性で歩むことです。あなたには学問がありますか。知性の大切さを認めますか。それは良いことですが、あなたの人生ではだれの知性が優位を占めますか。自分のですか。著名な神学者ですか。尊敬する学者ですか。それともイエス・キリストの心、上にあるもの・物質的でないものを大切に思う心ですか。あなたの心は神の心に従っていますか。父に従う以上の忠誠を何か別のものに誓っていませんか。パウロのような心を望みますか。すなわち人が評価するもの、国籍・部族・血筋・知識・伝統・教義・道徳・宗教または自分の意見などには支配されない心です。常に父なる神の心に向かう気持ちをお持ちでしょうか。あなたの願いは父の心を知り、御心に従うことでしょうか。

人の力はイエス・キリストに似ることにあり、知能・賜物・知識・地位・弁舌・名声などにはありません。普通の人、つまりあなたが、心の廊下もクローゼットも開け放ち、神の光と愛とに満たされる時に力は発揮されます。生ける水に満ちたその人は、どこであれ歩く所の景色を変えます。この地を神の栄光で満たす助けができるのです。

この永遠に残る結果をもたらすため、私たちの大祭司は、大量虐殺《ジェノサイド》のはびこる世界・死の収容所に来られました。人が神のようになれるために神が人と同じようになられたのです。ヒトラーの帝国は、もはやこの世にありません。シーザーもスターリンも毛沢東も同じです。長い年月の間にキリスト教界にあった多くの小さな王国も、あるものはつい最近ですが、興っては倒れました。人間世界は、新たな指導者が来ては去ります。「世全体は悪い者の支配にある」（ヨハネ第一5章19節）しかしそれがすべてではありません。続く20節で、神の御子が来たと言われていたこと言われたことのすべては父の御心でした。キリストは来て去ったのではなく、死んでよみがえったのです。その霊により、今もここに私たちとともにおられます。私たちが今もイエスの声を聴き、私たちの心と生活を探っていただき、イエスのように私たちも歩めるようになるようにと私は祈ります。

今の文化・組織・家族などが発する声に騙されて従うことがありませんように。キリスト教界の何かに魅惑されたり、神にまったくふさわしくない何かを認めさせるために神のことばが利用されることに惑わされることがありませんように。蛇のように抜け目なく、機敏で、鋭く、賢く、目を覚ましていなければなりません。キリストご自身をよく知り、魅力的で信仰的に見えるどのような飾りをまとっていても、キリストにふさわしくないものがあるなら、それを見抜く識別力を持たねばなりません。蛇のように抜け目なくと言っても、もちろん毒があっては困ります。国々の祝福となるのであって、一つの国になりなさいとは言われていません。地の塩として、光と恵みといのちの糧を運ぶように言われています。自分の中にあるキリスト以外のものには栄養を与えないでください。私たちが生き、働き、学び、ともに礼拝している人々のところに出ていき、神のかたちにふさわしく扱われてこなかった人の尊厳を再び取り戻す手助けをするのです。高飛車な人にではなく、謙遜に歩み重荷を負う人に歩調を合わせるべきです。

第一にキリストの足元に伏して礼拝し、次にキリストの世界でしもべとして生きるのです。究極的に、私たちはこの世に適合しない者のように生きなければなりません。この世にもキリスト教世界にも、私たちは永遠に留まるわけではありません。地上の国・王国の市民ではなくて、天国の市民としていと高き神だけに仕えるしもべです。言わばこの地球と言う惑星で、不法移民・異邦人であるとも言えます。それでもここにいる間は、多くは舞台裏で、出会う相手がどのような肩書きであれ、私たちは仕えます。ここに置いてくださった主の代わりとして忠実に仕えることが求められています。

ディートリヒ・ボンヘッファー牧師は、ヒトラーだけでなく、当時のキリスト教世界に対してもキリストのため抵抗して立ち上がった人ですが、獄中からこのような祝福の祈りを書き残しています。

「神がわれわれを、この時代を貫いて親しく導いて下さるように。しかし何よりも、ご自身のところへ導いて下さるように。[9]」

1 Miroslav Volf, "In Light of the Paris Attacks, Is It Time to Eradicate Religion?," *Washington Post*, November 16, 2015, https://www.washingtonpost.com/news/acts-of-faith/wp/2015/11/16/in-light-of-the-paris-attacks-is-it-time-to -eradicate-religion.

2 Oswald Chambers, *Disciples Indeed* (Grand Rapids: Discovery House, 1955), 393.

3 Amy Carmichael, *If* (Fort Washington, PA: CLC, 2012), 13.

4 Meredith Somers, "More than Half of Christian Men Admit to Watching Pornography," *Washington Times,* August 24, 2014, https://www.washingtontimes.com/news/2014/aug/24/more-than-half -of-christian-men-admit-to-watching-/.

5 "New Marriage and Divorce Statistics Released," Barna Group, March 31, 2008, https://www.barna.com/research/new-marriage-and-divorce-statistics -released.

6 "What Is the Church's Role in Racial Reconciliation?," Barna Group, July 20, 2019, https://www.barna.com/research/racial-reconciliation/.

7 C. H. Spurgeon, *Return, O Shulamite! And Other Sermons Preached in 1884* (New York: Carter, 1885), 174.

8 ディートリヒ・ボンヘッファー著　森野善右衛門訳『改訳新版　共に生きる生活』 新教出版社　2004 年　133 頁

9 E・ベートゲ編　村上伸訳『ボンヘッファー獄中書簡集 「抵抗と信従」増補新版』 新教出版社　1988 年　424 頁

第12章　癒やす権威とキリストのからだ

イエスは、守るべき人を守り、罪を明らかに示し、人の尊厳を回復するために、ご自分の力を使われました。ご自分の民がこの世でご自分の権威の下にご自分の力を用い、真理を語り、ご自分の品性を示し、光を照らし、弱い者を世話し守ることを願われます。これはキリストに従う者たちひとりひとりの生活の中にどのように具体的に実現するのでしょうか？

かつて高い地位を持ち、権威を乱用して私腹を肥やすことで悪名高い男がいました。背が低いため、体力的に人を威圧することはありませんが、悪賢く、取税人や祭司が多く住む邪悪な街に住んでいました。彼自身が取税人のかしらで、ローマ帝国が定めた以上の税を貧しい者からだましとって富を成したならず者でした。この男が人前に姿を見せたときに街の人々はどう感じたと思いますか？　嬉しい？　恐ろしい？　不安？　安心？　光栄？　侮辱？

ある日、町の通りに群衆が集ってきました。彼もだれが来たのかと興味をそそられましたが、背が低いので人垣の向こうが見えません。それで木に登って様子を見ました。ザアカイが登った木の下にイエスが来られた時、主は見上げて、「急いで降りて来なさい。わたしは、今日、あなたの家に泊まることにしているから。」（ルカ19章5節）と言われました。ザアカイは、降りて来てイエスを家に迎えました。宇宙の主が腰をかがめ、ならず者の接待を受けようと、背が低くて自己中心な金持ち、腐敗と貪欲のかたまりのような男のところに身を寄せました。二人が家に入り戸は閉じられました。中で交わされた会話は記録されていません。ザアカイの接待を受けたイエスは、明らかに彼の必要に応えていたのです。ならず者の尊厳を回復するために主は権威を用いられました。権力者は普通、下の者にそのような近づき方はしません。イエスは仕えるために来られたのですが、人に見下げられている者に近づくには、ご自分が仕えられるという道をとられたのです。

やがて扉が開けられ、心を入れ替えたザアカイが姿を見せます。彼は人前で宣言します。「主よ、ご覧ください。私は財産の半分を貧しい人たちに施します。だれかから脅し取った物があれば、四倍にして返します。」（同8節）ザアカイは、自分の権威を、施しと回復のために使いました。家に入ったときには貪欲そのものだった人が、出て来たときには真実とあわれみの人になっていました。

権威の乱用者が、キリストの力によって謙遜になり、貪欲が寛大な心に、物欲の心が施しの心に変わりました。物語はイエスの解説によって幕を閉じます。人の子は、失われた者、つまり、小さな者・囚われた者・盲人・迷った者・腐敗した者・違法薬物の常用者・ならず者を捜して救うために来たのです。(同10節) キリストの力は権威の乱用者を施す者に変え、キリストのように人に尊厳を回復する者に変えました。それこそ、主キリストの手に握られたすべての権威がすることなのです。

イエスの名によって

私の父は空軍大佐で、どこに住みどこに引越し何をしていても、肩書きと制服を意識する人でした。制服を着ても私服でも、基地にいてもいなくても、身のこなし・マナー・話し方・ことば使い・動き・時間管理・上司や部下への話し方は終始一貫していました。父はそう言う人で、私たちもその大切さを教えられました。弟も私も、大佐の子として父とともに合衆国を代表する者として振る舞うよう期待されました。家に来られた将校にはどう挨拶をするのか。「うん、そうだよ」ではなく、「はい、そうです」と答えること。基地のどこにいようと、星条旗が降ろされたら遊びをやめて気をつけをすること。父はアメリカ合衆国の名の下に奉職していたので、私たちも従いました。

今の私は、別の名前の下にいます。それはイエスの御名です。この御名によって人々と共に生きること、またその前で生きることは、6歳や10歳で国の名を背負って生きるよりはるかに重大な責任です。その召しの重さをますます自覚します。神は私たちが、自分の心、自分の力、また私たちの神の王国についてどのように考えてほしいと望んでおられるのでしょうか？

力と権威

イエスはこの世界に肉体をもって来られ、御父を解き明かす生き方をされてすべての力を発揮されました。永遠の力を用いて人間の皮膚を持ち、この世に入られ、私たちの小さく頑なな心に入って来られました。それは驚くべきことで、私たちの力の使い方とは違います。いま私たちは、その弟子として人がキリストをより深く知ることができる生き方に召されています。私たち人間としてのすべてはキリストの権威の下に置かれるべきです。

教会の指導者を選ぶとき、人の能力のあらゆるかたち、鋭敏さ・カリスマ・知識などに目を留めます。しかし、使徒パウロは違いました。彼は自分の権威は肉によらないと言います。彼の力は、人間の個性・知性・賜物・行動から来たものではありませんでした。パウロは頭がよかったでしょうか。抜群でした。賜物はあったでしょうか。豊かにありました。しかし、他の人に仕えるのにじゃまならば、喜んでそれらも脇に置きました。すべての議論・高ぶり・はかりごとを取り押さえてキリストに服従させると言いました。
私たちは神の支配と権威に完全に自分をゆだね、品性を神によって形作られねばなりません。言動が単に神に「似ている」と言うのとは違います。人目につかない所でも、心と精神が積極的に神の支配に服すのです。隠れた所で神の統治に服すには、生涯を通した修練が必要です。神の前に膝をついて指示が出るまで立ち上がらない謙遜に始まります。私たちは神の被造物で、まず神に仕えるために神のかたちに造られたのであり、そこから人への奉仕が始まります。
自分の生活の中で、力や権威について私たちはどう考えているでしょう。それがどう自分を形づくり、また私たちはこれをどう実践しているでしょう。イエスの名によって癒やしをもたらすためにどのように力を使ったら良いのでしょう。選択権は人の本質であり、永遠の影響力を持ちます。「あなたがたが仕えようと思うものを、今日選ぶがよい。」（ヨシュア24章15節）とヨシュアは言います。マタイの福音書で、イエスはご自分に従おうとしないエルサレムに深い悲しみを表されました。「わたしは…お前の子らを集めようとした……それなのに、お前たちはそれを望まなかった。」（マタイ23章37節）
C・S・ルイスは、人間の選択について印象的な言い方をしています。「わたしは思う――人は一つの選択を行なうたびごとに自己の中心部分――選択の主体である部分――をそれ以前とは少し違ったものに変えているのだ、と。したがって、無数の選択の積み重ねである彼の全生涯を考えてみると、彼は一生かかってその中心分を天国的なものに、あるいは地獄的なものに、少しずつ変えているのだ。……わたしたち一人ひとりは、一瞬一瞬、この二つの状態のどちらかに向かって進みつつあるのである。」[1]確かに、私たちの日々の小さな選択によって長く続く大きな違いが生じます。

イエスはご自分の権力を支配のためではなく、人に良い影響を与え、招き、歓迎し、変化を生むために用いました。私たちは、神から委ねられた力を、ただ結果を求めるために使いますか、それとも神の支配の下に、神の目的が達成されることを求めますか？　私たちがキリストのうちにあるとき、私たちの選択や行動は、国籍・政府・人種・性別・地位・偏見などには支配されません。この世にあってキリストにふさわしく生きるということは、私たちが主と呼ぶお方のように生きることです。主と呼ぶということは、究極の主権を認めることです。主権は永遠に主のものですが、それに従うか従わないかの選択権は人に委ねられています。もし従うと決めるなら、ただ一つの権威に従います。私たちが見えないもの、キリストの謙遜な姿に倣《なら》い一致していくとき、それまで大事に守ってきたそれぞれの個性・違い・分裂・好みなどはどこかに消え去ります。

謙遜という力

ピリピ人への手紙2章3節には、謙遜《けんそん》のすばらしい描写があります。「何事も利己的な思いや虚栄《きょえい》からするのではなく、へりくだって、互いに人を自分よりもすぐれた者と思いなさい。」この聖句通りに神の支配に従って生きていたら、奴隷制度などはひっくり返っていたでしょう。アメリカ原住民は虐《しいた》げられずに祝福されたでしょう。ジム・クロウ法*など存在しなかったでしょう。今日私たちがこのように生きることができたら、貧富についての考えは一変するでしょう。伴侶の人間性を無視し黙らせ虐《しいた》げるような結婚生活はあり得ないでしょう。不正・抑圧・過重労働がある職場も変わってしまうでしょう。神の支配下にのみ生きるクリスチャンは、この世とその権力者とは違い、神の愛による救いをもたらす生き方・働き方をするでしょう。

　パウロは続けます。「それぞれ、自分のことだけでなく、ほかの人のことも顧みなさい。」（同４節）一般的に法律や政策は権力者が作ります。団体・組織は一般的に権力者が導き、しばしば彼ら自身の利益が優先します。弱者は、除外されることがしばしばです。経済的なつじつま合わせは最も重要な懸念です。国籍・人種・性別・経済的な地位・教育程度などで人が作った範疇《はんちゅう》に入らない人々を、私たちは選び分け、差別し、無視し、黙らせ、押し除けます。神は何をするときも他人の利益を考え、自分の権力を彼らの益のために使いなさいと言われます。

　それは、私たちの従うお方が、神の御姿としての権限をご自分のために使わなかったから

＊南北戦争後のアメリカで行われたアフリカ系アメリカ人への人種差別・人種隔離政策

です。ご自分を空しくし、私たちに仕えるためにすべてを投げ出して人間のようになられました。想像もできない苦しみ・侮辱・怒り・断罪・激しい痛みの伴う死にも耐えられました。愛の奉仕のために偉大な力を用いられました。キリストの生き方に従わないなら危ないことになります。道に迷い、キリストの品性を表せません。ちりでできた被造物である私たちは、謙遜であるべきです。見えない欺きに盲目にされている罪人として、謙遜であるべきです。謙遜の模範を示され、同じようにしなさいと招かれているキリスト者なのですから、謙遜であるべきです。

謙遜はキリストのしるしです。それこそ正しく用いられた権力のあるべき道です。謙遜に仕えることが敬虔なのです。御座に座るお方は地上ではすべての人のしもべであり、今も霊によって御座から私たちに仕えておられます。そのみわざの成就のためには、このお方をさらに深く知らなければなりません。

愛の力

この世で権力を正しく用いる方法は、キリストのように愛を通して用いると言うことです。それには、まず私たちのすべてをもって神・主を愛することです。神を愛するとは、どんな代価を払っても神のものとなり、その品性を映し出し、神に支配されることを意味します。また神を愛するとは、隣人、神のかたちに造られたどんな人をも愛することです。私たちがよくすることですが、神への愛と隣人への愛を切り離すなら、その人は神を愛していません。なぜなら私たちの神はすべての人を愛されるからです。誰かを愛していないとするなら、あなたは神を愛してはいません。イエスを主と呼ぶなら彼の言われるようにするのです。イエスは、私たちが地位・人間関係・協力関係・権力・地位・名声を愛する以上に私たちの神・主を愛するべきだと言われます。これは気高くまた困難な召しです。

最近、キリスト教界は愛よりも権力を優先することに心を向けているのではないかという印象を受けています。しかし、神は私たちをそのようには扱われません。ジョージ・マクドナルド氏は言います。

「神のご性質で最も奥深いのは何か？　力だろうか？　いや、力は私たちが神と言う時に表したいものを表せない。…その本質が単に力である方がおられるとしたら、神性の否定になってしまい、どのような正しい礼拝もささげえないことを理解しておこう。…一言で言えば、神は愛だ。愛は神の最も深い部分にあり、神の本質、その存在の根本である。」[2]

確かに、牧師や長老は羊である教会員の上に力を持ちます。夫と妻も、互いの上に力を持っているでしょう。しかし聖書によるなら、これらの関係の中での最大の特徴は愛です。私たちは地位や性差に権威の根拠を置き、その権威に服従することを要求しているようですが、すべての権威はキリストのもので、その権威を源に私たちに委ねられた権威は、愛のうちにキリストに従うべきものです。私たちはキリストのみに服従すべきです。

愛を通して用いられない権威は偽りの権威です。パウロは、愛を追い求めなさいと言い、愛に最高の価値を認めます。愛は、人が求めるすべての賜物に優ります。愛なしに話したり教えたりしても騒音にすぎません。愛はスピーチの力です。預言にも知識にも奥義の知識にも優ります。愛であるかのように見えて愛に根ざしていないすべてのものに優ります。それらは無価値です。愛が私たちの動機であり動力であるべきです。このことを理解するなら、自分が口では誰かを愛していると言ってもそれが本当か、また私たちを愛すると言う人が本気で言っているのかを正しく評価できます。愛に飢えるあまり、私たちは人の品性を良く見定めずに、ことばだけをう飲みにすることがしばしばです。それは賢いことではなく安全でもありません。

愛の力とはどういうものでしょう？　パウロは、愛とは寛容で親切だと言います。喜んで分け合い、人をねたまない。目が耳をねたむことはなく、耳の鋭さを喜び、その祝福を受ける。自慢したり高慢にならない。自分を高めたり、のぼせ上がらない。礼儀を守る。自分の利益を求めず、人の注意・称賛・ゴマすりを求めない。人を黙らせようとしたり隠蔽を計らない。簡単に苛立ったり怒りもしない。人がした悪を心に留めず、真理を喜ぶ。たましいの健康をむしばむものについては真実を語る。すべてを耐える。愛は耐える力である。

キリストに従う私たちは、熱心に愛を求めるべきです、人は簡単にだまされます。かつて私たちの先祖は目に慕わしいものを求めましたが、今は、数字・お金・事業拡大・弁舌・地位を求めています。人の本来の目的は神に似るものになることでしたが、それは今も同じく、目的はキリストに似ることです。私たちの目的は教会成長ではありません。成長または他の何であれ、それが私たちの目的なら、そのためには手段を選ばなくなります。キリストにある神こそが私たちの目標です。そして私たちの神は、ご自身を愛だと言われます。私たちは嘘をもって毛布を自分に巻きつけるように自分を守り、父なる神の基準とは違う基準で物事を評価します。どれほどの人数が来ているか、どれほど自分たちが成長しているか、どれほどの賜物を持っているかと。この世での力はそのような外面的なものにはありません。私たちの王国は地上にはないのです。私たちは自分自身の主人でさえありません。私たちはいと高い神の子どもで、この方は私たちのために、追っ手から逃れて亡命する幼児になられました。イエスは、ご自分が神から来られたことを知り、奴隷のように手ぬぐいを腰にまとわれました。もし地上の王国が目的だとしたら、イエスは完全な失敗者です。

イエスの最大の願いは、父を喜ばせることでした。私たちが彼に似ているか否かのテストは、愛の力によって下に降り、見知らぬ者の世界に入るかどうかです。あなたは神を愛していますか？　ならば、隣人になってください。自分とは違う世界に住む人と関わり、あなたを永遠の愛で愛される方に倣《なら》うのです。その結果は本当の変化です。最初にキリストのうちにあった神の愛は、今や私たちのうちにあります。これこそ最大の武器です。私たちが愛のうちに歩むとき、相手の反応は「神の変わらない愛とあわれみがやっと分かりました。あなたにその片鱗を見たから」というものになるでしょう。

1800年代にエミー・カーマイケル宣教師はインドに遣わされ、ヒンズー教寺院で売春婦として売られた少女に仕えて半生を送りました。悪徳商人の餌食になり、無防備で奴隷とされた少女たちと心を通わせました。ある日、奴隷となった彼女たちをイエスがどれほど愛しているかを話していたとき、ある婦人からこう言われました。「もしそれが本当ならば、その愛というものを見せて下さい……私たちに見せてもらえますか？」[3] 同じ質問がキリストの名を語る私たちすべてにも向けられています。神ご自身が本当に、心砕かれた者・小さい者・苦しむ者・弱い者のところに肉体をとって来られたのなら、その真理が本当だと知ることができるような生き方を私たちはしなければなりません。

エクレシア夫人

私の好きな著者の一人に十九世紀の牧師・讃美歌作者のジョージ・マシソンがいます。マシソン氏は、教会・キリストの花嫁を「エクレシア夫人」と呼びました。[4] 私たちクリスチャンが、エクレシア夫人なのです。キリストは私たちのために高い代価を払われ、私たちを熱愛されます。彼は、私たちの心と行いをもってご自身にならうことを願われます。この世にあってご自身に代わって同じ心を持つしもべとして、その香りを世界に運ぶ者となることを願われます。

私たちの主人は、教会がご自身に従い、悪と苦しみとが支配するかに見える暗く残酷な世界、同時にご自身が愛する世界に出て行くよう召しています。教会は常に主人に従ったわけではありませんでした。時には恐れを抱き、時には欲に駆られ守りに入りました。この世のただ中に出て行くよりも快適でなじみがあるところを好む時期もありました。しかし教会がまだ若く、創立百年かそこらの頃、主人を代表して世間の基準を拒み、多くが恐れる場所に勇敢に出かけたことがありました。

紀元後一世紀の社会で、女児は家の足手まといとされていました。女子の嬰児《えいじ》殺しはまれなことではなく、ある所では男女比が驚くほどに不均衡でした。女子の嬰児《えいじ》は奇形と考えられることが多く、遺棄《いき》されました。街の外のゴミ捨て場に死ぬまで放置することが法律で許されていました。生きる価値はなしとされたのです。[5] しかし、その判断を誤りと考える人々が出てきました。彼らは街の外へ出て行き、ゴミ捨て場に捨てられた女児を助けました。その行為は危険で犠牲を伴い、時の流れに逆らっていました。彼らはそれをあえて自分の責任として引き受け、捨てられた女児のために時と財を捧げたのです。無価値とされた人を大切にするために身を低くし、自らが卑しめられる道を選びました。最も小さい者のために犠牲を払ったのです。それはだれでしょう？　イエス・キリストの花嫁、教会です。価値ない者とされた多くのために街の門の外にまで行き、贖いの代価としてご自身を差し出された子羊なるお方に従ったのです。その死により、イエスは彼らを価値あるものとしました。教会はそれにならったのです。

一世紀の教会が果たした使命は、二十一世紀の教会が直面する使命に似ています。当時の教会がしたように、門の内であれ外であれ、私たちが子羊に従うかどうかが問題です。この世の人々の目に価値がないとされた人々でも、主の目に尊いという理由で私たちは追い求め救う気持ちがはたしてあるでしょうか?

最近、カトリック教会の「ゴミ捨て場」についてのニュースを聞きました。その全貌は今も不明です。教会を「守る」ために何千という少年少女・大人の男女が捨てられたのです。ボーイスカウトから捨てられた少年たちのニュースも知りました。ラリー・ナッサー(Larry Nassar)やジェフリー・エプスタイン*(Jeffrey Epstein)についてのニュースも聞きました。前者は地位があり、後者は富がありました。

ウィロークリーク(Willow Creek)教会連盟、南部バプテスト教団、ハーベストバイブルチャペル(Harvest Bible Chapel)、サンキー孤児院(Sankey Orphanage　フィリピンの教会が運営する児童養護施設)などに置き去りにされた多くの弱者のことも知られるようになりました。正直に言えば、犠牲者の数はまだ増えつつあり、多くの人がいまだに隠蔽しよ

*　ラリー・ナッサーは、本書5章104ページで言及される。ジェフリー・エプスタインは、アメリカの富裕な実業家・投資家だったが、多数の児童への性的暴行などの容疑で逮捕・有罪となり失脚した。

うとしていることも知っています。ただ私たちの耳に入っていないだけです。虐待された人を無視する時、いつも私たちは「主に背を向け、淫行に」ふけるのです。(ホセア1章2節)

私の父は病気のために体が不自由で晩年は施設で過ごしましたが、その人生から私は多くを学びました。病いが高じて自分の体も動かせなくなり、かつてのスポーツマンが靴の紐を結ぶことも椅子から立ち上がることも廊下を歩くことも難しくなりました。父は元来有能で、釣り針に餌を付け、テニスボールを打ち、乗馬をし、靴紐を結び、歩きました。しかし頭で分かっていることに体がついていけなくなったのです。かしらに従わない体は病んだ体だと私は学びました。イエス・キリストは教会のかしらです。そのかしらは教会がご自分に従うように言われます。私たちがそうしないとき、病いは重いのです。

私たちがかしらに従うとき、言わば神が血と肉を持つことになります。彼が行かれたところに、その似姿である私たちも行きます。彼に従い、そのかたちにますます似せられ形作られていきます。

教会はすべてにおいてキリストに似るべきですが、悲しいことに私たちは、しばしばキリスト以外のものに従います。かしらに従う体の一部であるより、慣れ親しみ、快適で吟味されていない生き方に従って動く傾向にあります。私たちは教会の他の病んだ箇所、欺く部分に従うこともあります。父は病が進むと外見も変わり、本来の健全な姿が変形していきました。私たちのかしらに従わないところは常に奇形が生じます。
かしらなる神が、昔も今も教会に語っていることばをきいてください。
「善をなすことを習い、
公正を求め、虐げるものを正し、
みなしごを正しくさばき、
やもめを弁護せよ。」（イザヤ1章17節）

最近、拙著『苦しみと神のみこころ』からその一部をネットに投稿しました。「人の叫び・ことばにならない苦しみ・汚染・死を見て見ぬふりをしていながら、祈ったり歌ったり寄付をするのがキリスト教ではありません。キリスト教は、何らかの形で自分とは異なる人を、人間ではない、自分とは違うのだ、苦しむのが当然だと考えるものではありません。」これに応答した人のことばに胸を刺されました。「本当ですか？　外側には、キリスト教ってそういうものとしか見えないけど」

この方は、教会に愛というものを見た経験がないのでしょう。キリスト教界が祝福を受け継ぐために力を用いていないことは、愛の足りなさを示しています。主の御心も傷んでいます。主は、もっとも小さい者たちの一人にしなかったのは、わたしにしなかったのだと言われたのですから。ヨハネの言ったこととは何と対照的でしょうか。「互いの間に愛があるなら、それによって、あなたがたがわたしの弟子であることを、すべての人が認めるようになります。」（ヨハネ13章35節）

　アテネのアリスティデスは、ハドリアヌス皇帝の前に出た時に、紀元二世紀の教会について、「見よ。彼らは何と愛し合っていることか[7]!」と言いました。

かしらなるキリストは愛の化身でした。彼は、もっとも卑しい人間にもひるみませんでした。イザヤはこう言います。

「神である主の霊がわたしの上にある。
貧しい人に良い知らせを伝えるため、
心の傷ついた者を癒やすため、
主はわたしに油を注ぎ、
わたしを遣わされた。
捕らわれ人には解放を、
囚人には釈放を告げ、
…………
すべての嘆き悲しむ者を慰めるために。」（イザヤ61章1－3節）

いと高くもっとも聖なる方が、もっとも低い入り口を通ってこの世に来られました。

新約聖書でもっとも大切な場面の一つがルカ24章です。復活されたキリストと共に二人の弟子が歩いていましたが、「パンを裂かれたときにイエスだと分かった」（同35節）のです。後にも先にももっとも驚くべき奇跡を行われたイエスが弟子たちにそれと知られたのは、栄光・力・取り巻き・衣装・弟子の数によってではなく、パンを裂かれた傷のある御手によってでした。それが私たちの神です。今キリストのからだがそのようでないとしたら、どこかが病んでいます。どのような名を使い、どのような約束をし、どのような保証をしていようと、かしらに従ってはいません。

からだの機能

キリストのからだの機能には様々な形はありますが、究極的には、そのかしらであるイエス・キリストとの尽きない交わりに生きるという聖なる召しに応え、すべてにおいてその支配に従うことです。地上でキリストのからだを構成する神の民の使命は、イエス・キリストの主権・権威・支配の下に忠実に生きることです。従うにはこの方をよく知る必要があります。その考え・願い・思想・計画を知らなくては従うことなどまずできません。ある人をよく知るには間接的に誰かに教えてもらうだけでは不十分で、時間をかけて自分で直接聴き、理解し、その人がどのように考えているかを計画的に学ぶ必要があります。それをして初めて、意見を熟知し代弁者になれます。かしらであるお方について指導者たちが教えてくれることを受け身で聞くだけでは不十分です。この方を求め、聴き、従わねばなりません。キリストを深く知ることなしには、その求めに応じることも、誤った指導者を見抜くこともできません。

今日の教会の現場を見ると、悲しいことに分裂しています。それほど昔のことではありませんが、米国の教会は人を分け隔てされない主に逆らって、白人教会と黒人教会に分かれました。その結果、どれほど大切なものを失ったか分かりません。今、教会は郊外と中心市街地とに分かれています。人種でも黒人、白人、ヒスパニック、アジア系、アメリカ原住民と分かれています。私たちはまた、政治・貧富・教育または特定問題でも分裂します。しかし主は、すべての部分が必要だと言われます。

私たちの主のからだには多くの部分があります。すべての部分の最優先順位はかしらとの関係で、部分同士の関係はそのつながりから派生します。主のからだのすべての部分は、年齢・能力・地位・人種・性別・富・教育などに関係なく重要です。だれも他の人に「あなたはいらない」とは言えません。足が手に「あなたはいらない」と言えません。そしてもっとも驚くべきことに、かしらが足に向かって「あなたはいらない」と言えません。一番高いものが一番低いものに「あなたはいらない」と言えないのです。すべての部分が協力し、かしらの指揮下に生きることが必要です。からだの中であちらが大切だとか大切でないとか言っているなら、かしらに従ってはいません。様々な違いを理由にからだの分裂を許すなら、主キリスト以外の何かを優先しています。イエスによれば、私たちの中の傷ついた人から顔を背けるなら、主から顔を背けているのです。誰かが取り残されているとしたら、いつか御座の前に立つキリストのからだとしてはふさわしくありません。

苦しみと神の心

ホセア書は神の痛みの書です。神の民の罪のゆえに御心は痛んでいました。イスラエルの民は、他の神々を慕い、花嫁・教会は、他の男を追い求めていました。偶像礼拝は偽宗教ですが、ほんものに似ています。そうでなければ誰もだまされません。ホセア書の註解で、G・キャンベル・モーガン牧師は、偶像礼拝とは偽りの神概念を礼拝することだと述べました。[8]

モレクを礼拝したイスラエル人は、まさしくそれでした。イスラエルは誤った神概念にだまされました。私たちは、何かが神に似て、神の声のように聞こえ、神を喜ばせるか神のように見える目的があるなら良いものに違いないという欺きを信じ込みました。そのような欺きは常に人を狂わせ、常に神の御心を痛めます。

心理学者として長年働いてきて、、何をもっとも必死に守ろうとするかで、人が大切にしているものが分かることを知りました。薬物使用者は、依存する物質へのアクセスを大事にします。捕まると、泣いたり謝罪したりもうやめると約束しますが、恋い焦がれる物質を手に入れる方法をすでに探しています。現代のキリスト教界を見渡すと、教会が危うくなるとそのエネルギーはしばしば組織を守ることに向かう傾向があることが分かります。私たちは、イエス・キリストを愛し礼拝する以上に、組織や自分の教会を愛し礼拝しています。それで、共謀し、口封じをし、中傷し、脅迫します。それに効果がないと、半分だけ本当のことを小出しにし、どこまで受け入れられるか、全体の暴露を止められるかを試します。目的は組織を守ることで、光の中に身をさらすことではありません。

　多くの虐待犠牲者の話を聞いてきて、人には神への愛のほかに数え切れないほど大事なものがあるのだと知らされました。「あなたはわたしを愛していますか」というイエスの痛切な質問が脳裏に浮かびます。イエス以上に何かを愛することが偶像礼拝につながるのであり、それが問題の根本なのでしょう。刻んだ像を立てて拝むことを言っているのではなく、それよりもさらに微妙な欺瞞です。世界を祝福するために奴隷から救われ、しもべモーセを通して神の戒めを受けた選びの民、ヘブル人を思い起こしてください。彼らは神を知っていました。神が自ら降りて来て、神だけを礼拝することを教えたのに、民は、私たちのような民が、金の子牛を作って礼拝することがいいと考えたのです！私たちは神の民であり、この方が私たちに現れ、神を礼拝することを教えられました。それなのに、私たちは統計数値・金銭・名誉・地位・目にみえる組織という金の子牛を作らなかったと言えるでしょうか？

「ソロモンにまさるもの」（ルカ11章31節）に目を留めてください。イエスは、弟子の数で言えば取るに足らず富もありませんでした。住み家もなく、天の父の神殿はご自分を憎む腐敗した宗教指導者らに汚され、ゴミのように扱われました。イエスの内に神がおられるもっとも強力な証拠は、常に父なる神の御心に従い、命まで捨てたことです。私たちにも同じことを求められます。神からいただいた選択権を用いて、自分の好きこのみではなく主の道に従うことを神は願われます。たとえ私たちの地上の神殿が壊れるようなことがあってもです。

わざわいの谷間に希望を

今はわざわいの時です。イエス・キリストの教会は、アコル（ヘブル語で、問題もしくは苦しみ）の谷にいます。わざわいの谷のことが、ヨシュア記7章にあります。神に属するものを自分の懐に入れた男がその谷にわざわいをもたらしました。しかし神は、「アコルの谷を望みの門とする」（ホセア2章15節）と約束されました。

読者の中には、教会内での権威誤用によって大きな打撃を受けた方がいるでしょう。性的被害・霊的虐待・中傷をされ、または言われたことをしなかったために免職された方もいるでしょう。加害者側にいた方もいるでしょう。あなたは組織を守ることは正しいことだと信じたのです。そのために嘘をつき、真実を隠しました。「そんな小さなこと」で、大切な働きを台無しにするわけにはいかないと信じました。キリストのからだの致命傷を放置しました。また、良い目的を持った「良い」組織を維持することを神は望むと信じ、黙って共謀に加わりました。また、今起きているできごとにそれほど悩まされていないかもしれません。

イエスが十字架にかけられたのは、ある意味で神を礼拝し、その民を祝福するために神が定めた組織によってであることを覚えてください。イエスの罪状認否の手続きを考えてください。朝まだ暗いうちになされるのは民法違反で、神殿ではなく大祭司の家で行われるのは律法違反でした。イエスを殺すために指導者たちは法律を破りました。私たちの組織の多くも同じ道をたどりました。

事実に正面から向き合いましょう。恥ずかしいことですが、私たちはイエスが受けられたことと同じことを人々にしてきました。人を貶《おとし》め、嘘をつき、虐げ、責め、面目を失わせました。違う人種の人たちに対しても、私たちの秩序を乱し共感を求めてきた様々な虐待の被害者に対してもそうしました。秘密裏に動いて、闇のわざを明るみに出しませんでした。幼児虐待を報告しないことで、法律を破りました。DVやレイプが違法であることを認めませんでした。自分のやり方や組織を守るために、自分の行い・確信を暗闇に隠しました。イエスではなく最高法院《サンヘドリン》に従ったのです。それは失態をした弟子たちの姿ではなく、目に余る反抗者の姿です。イエスは私たちの与えた傷を癒やさなくてはなりません。確かに困難なことではありますが、多くの方が事実を認め、心を深く悩ませているのは良いしるしです。

繰り返しになりますが、今日の犠牲者たちの声、「クリスチャンの」社会で虐げられ踏みにじられた人々の声は、実は神の民へ向けられた神ご自身の声です。私たちが虐げてきた人々を通して、神は私たちの姿を照らし出し、罪を指摘し、ご自身にのみ忠誠を誓うよう呼びかけておられます。これが、「子どもたちを来させなさい。…天の御国はこのような者たちのものなのです。」（マタイ19章14節）とイエスが言われたことの意味です。それは教会への預言的なことばです。言わばキリスト教界という炭鉱のカナリヤ*なのです。弱く傷つき苦しんでいてケアを必要としている、神の前における私たちの姿を表しています。そして、私たちは彼らにとって私たちとともにおられるお方、弱く傷つき苦しみ手厚いケアを必要とする者のために、高いところから深い淵にまで降りて来られた方を証しすべきなのです。

このわざわいの谷は神の定めたもので、ここで神はご自分の民をご自身に呼び戻してお

＊　かつて炭鉱に発生する有毒ガスを探知するため、無臭のガスにも反応して鳴かなくなるカナリヤを連れて入ったことから、いち早く危険を察知する人を「炭鉱のカナリヤ」と表現することがある。

られます。ヨハネ12章27節でイエスは言われます。「今、わたしの心は騒いでいる。何と言おうか。『父よ、この時からわたしをお救いください』と言おうか。いや、このためにこそ、わたしはこの時に至ったのです。」

希望の扉が開かれたのは、イエス・キリストの胸騒ぎを通してです。希望の扉を開いたのは、神の胸騒ぎ・神の悲しみ・神の心痛でした。その扉を開くために神の払われた代価の大きさは、罪の厳しさを表します。私たちが主よりも自分の仕事を愛しているなら、その代価をむしろ増やします。もし耳を傾け、事実を見て悔い改めるなら、神の似姿に生きることを求め、神の心に悲しみではなく喜びをもたらし、弱い人々に対して私たちがもたらした大きな悩みを、自分も分かち合えるようになります。私たちの建物の基礎が揺らぎ、小さな王国という山は海の中に崩れ落ちることがあっても。最後には、黙示録5章13節にあるすべての被造物の合唱を聞くことになるでしょう。

「また私は、天と地と地の下と海にいるすべての造られたもの、それらの中にあるすべてのものがこう言うのを聞いた。

『御座に着いておられる方と子羊に、
賛美と誉と栄光と力が
世々限りなくあるように。』」

1. C. S. ルイス著　柳生直行訳『キリスト教の精髄』（C.S. ルイス宗教著作集 4）　2022 年　新教出版社 150-151 頁

2. George MacDonald, *Unspoken Sermon Series III: Kingship* (London: Long- mans, Green & Co., 1889), 420–21.

3. Amy Carmichael, *From Sunrise Land: Letters from Japan* (London: Marshall Brothers, 1895), 76.

4. George Matheson, *The Lady Ecclesia: An Autobiography* (New York: Dodd, Mead & Co., 1897).

5. Jennifer Viegas, "Infanticide Common in Roman Empire," NBC, May 5, 2011, http://www.nbcnews.com/id/42911813/ns/technology_and_science-science /t/inf anticide-common-roman-empire/#.XZ-o7-dKgWp.

6. Diane M. Langberg, *Suffering and the Heart of God: How Trauma Destroys and Christ Restores* (Greensboro, NC: New Growth, 2015), 7.

7. Jake Griesel, "Aristides of Athens (2nd century AD) on the Conduct of Christians," Theological est doctrina Deo vivendi per Christum Jacobi Grieselli Blogus theologicus, December 31, 2013, https://deovivendiperchristum.word press.com/2013/12/31/aristides-of -athens-2nd-century-ad-on-the-conduct-of -christians.

8. G. Campbell Morgan, *Hosea: The Heart and Holiness of God* (London: Marshall, Morgan & Scott, 1948), 29.

あとがき

終わりに、私とご一緒にカンボジアとブルガリアにお越しください。そこで私は貴重な教訓と神からの明らかな真理を教えられました。

まず最初に、カンボジアのプノンペンでは、十カ国の方々と心的外傷と虐待について学びました。その間、大量虐殺の記念碑をいくつか見学しました。ご存知のようにカンボジアの大量虐殺は、七十年代にクメール・ルージュ（共産勢力）により、ポル・ポトのリーダーシップで実行され、約三百万人の犠牲者を出しました。クメール・ルージュは、まず人々を家から職場からそして街から追い出しました。父親たちを連行し処刑しました。母親と子どもを、また兄弟同士も引き離しました。人々は労働キャンプや拷問監獄に収容されました。過酷な喪失体験が幾重にも重なったことがお分かりでしょう。

カンボジアのキリングフィールドに行くと、森と沼と集団墓地、また未発掘部分も目にしました。板敷きの遊歩道を歩いて行くと、雨が降り泥が溜まり窪地になっている場所に来ました。ガイドが説明しました。「雨が降ると、今でも骨が、ボロボロの服も含めて地表に出てきます。」

そこは、美しくまた恐ろしい場所でもありました。腰を下ろしましたが、驚きのあまり考えがまとまりません。ルワンダでもアウシュビッツでもそうでしたが、ことばで仕事をしているものでありながら、ことばが見つからないのです…。エリー・ヴィーゼルのことばを思い起こしました。

「私はわれとわが顔をつねった。…まだ生きているのかしら。目が覚めているのかしら。どうしても私はそうと信ずることができなかった。人間が、子どもたちが焼かれているのに、しかも世界が黙っているとは、どうしてそんなことがありうるのか。いや、何もかも本当のはずがない。悪夢なんだ…。いまに胸をどきどきさせながら不意に目が覚めるのだろう…私は父に言った。現代だもの、人間が焼かれるなんて思わない、人類はけっしてそんなことを許しておかないだろう、と…。」

父親の答えはどうだったでしょう。

『人類だって。人類は私たちのことを気にとめていないのだよ。今日では、どんなことでも許されるのだ。どんなことでも可能なのだ、焼却炉でさえ…。[1]』

教会にもキリングフィールドがあります。キリスト教会が長い間無視をし黙らせ放り出してきたすべての虐待・抑圧被害者たちです。子どもへの性的虐待・レイプ・DV・ことばと情緒による虐待・ねじ曲げられ誤用された権力、キリストから来るものと言われながら実は自分と組織を養っているものは、みなキリングフィールドの一因です。これらのどれひとつとっても人を殺すことができます。昔イスラエル人にしたように、神が今の私たちに、目と耳をよく使って虐待行為を隠したり黙らせるのは教会を守るためなのだという嘘のことばを信じないように言っておられるのはあきらかです。

カンボジアのキリングフィールドの真ん中に一本の木があります。日陰を提供する神の美しい被造物で、「キリングツリー」と言われます。処刑者が赤ちゃんをその木の幹に叩きつけて虐殺したからです。ブレスレットや指輪や書き込みなど記念になるもので幹が覆われています。なぜ子どもたちはここで殺されたのでしょう。民族浄化のためです。ポル・ポトは、「腐ったものは取り除かねばならぬ」と言いました。これは、浄化・完全・保護などの名目の下になされた、身の毛のよだつような行いを隠すことばです。

そのキリングツリーは古い木で、その背後にどんな物語があるのかとつい見とれてしまうような木です。J・R・R・トーキエンの『指輪物語』に出てくるミドルアースの、自由人の味方で木のような巨人のエント人、ツリービアードを思い出しますが、この木は人の味方ではありませんでした。看板には、「キリングツリー　子どもたちが打ち付けられ処刑された」とだけ書かれています。なぜでしょう？　それは、子どもが成長して親の仇《かたき》を討たないためです。組織を脅かすことがないように沈黙させられたのです。主は正義を愛すると言われます。弱者を黙らせ、脅かし、捨て去ろうとする私たちを、主は見ておられます。このような残虐行為を見て何を思われましたかと私は主に尋ねてみました。

分かっていただきたいのです。ダメージを受けたのは被害者だけではありません。加害者も恐るべきダメージを受けたのです。処刑に加わった者、共謀した親、僧侶、兵士、近所の人々など、時には神のため、神の名を用いて自分のたましいを殺していた人たちも恐ろしいダメージを受けました。私たちが神の教会で罪を隠し、自らを神のしもべと呼ぶ人々による虐待行為を許すとき、イエスの名において欺きと不敬虔に加担することになります！　このような邪悪のただ中で、神はどこにおられるのでしょう。どうしてこのようなことを許されるのでしょう。何を考え、感じておられるのでしょう。それは、虐待と恐怖の物語が長年私を悩ませてきた疑問です。神は答えらしきものをくださいました。

答えは、もう一つのキリングツリーを通してです。これは変わった木です。そこでは、民族浄化のために人が殺されたのではありません。もっともきよい、もっとも汚れのない方ご自身が、汚れた邪悪な者のために殺されました。そこでは権力を持つ者が、聖であり汚れのない方をとらえて殺しました。私たちの人生と永遠は、その木、つまり十字架と呼ばれるキリングツリーにかかっています。そこでも、神は目をそむけられたかに見えました。神は沈黙し、暗黒がすべてを覆い、イエスはひとり拒まれ、さげすまれ、捨てられました。まさしく被害者です。すべての権威を手中にされるお方が、私たちを祝福し頭を垂れて、人間の権力、地位と組織と伝統を守るために用いられた権威、強盗の類いのために神殿を守った権力から抹殺されるがままになりました。しかし、それは権力者たちの誤りでした。

宗教指導者と一体化したローマ帝国の権力は、多くの人を抹殺しました。宗教指導者の権力は、今も人々を虐げ、ある者は教会の中で虐げます。あのキリングツリーの上で、神であり人である方は、アウシュビッツもルワンダもカンボジアもその身に背負われました。私たちの高慢と自己弁護と欺瞞を背負われました。人を犠牲にしても神のために教会を守るのだという私たちの欺瞞を背負われました。あらゆる世代の、利用され乱用され沈黙させられた人々の苦しみを背負われました。主は私たちをそのような場所に、悲しみと喪失に圧倒される所に、悪の巨大さと残酷さに驚がくする所に、絶望しかない場所に私たちを導きたいのです。私は、あのような悪の現場で感じたショックから自分が回復することは望みません。カンボジアで腰を下ろし、瞑想した時、一つのたとえが頭に浮かんだのです。

私たちは、キリングフィールドに住んでいます。地球という惑星は、美しさと恐怖に満ちていて、緊張を強います。しかしここではどんなに頭が良く金持ちで力があり健康でも、人生で何の悲しみも喪失も味わわない人はおらず、行く末には自分の死が待っています。これらはこの世界に付きものです。自分が小さく恐ろしく感じ、避けて通ることができないものに向き合いたくなくて、その結果、権威を乱用して自分がさも大きく強く正しい側にあり、自分の地位を守っていると思いたいのです。それももちろん、神のためにです。そのような所で、どこに希望や力はあるのでしょう。あの木の上でキリングフィールドを作り出すものを公に糾弾したお方に従う力はどこにあるのでしょう。私たちは、弱い者を犠牲にしても自分自身を権威で包み安全だと感じたいのです。自分の教育・訓練・神学・地位の陰に隠れ、小さい者たちが自分の正体を暴いたり邪魔したりしないようにしたいのです。しかし、私たちは、主のように愛をもって腰を屈め、「子どもたちを来させなさい。私のところに来るのを邪魔してはいけません。天の御国はこのような者たちのものなのです。」(マタイ19章14節)と言うよう招かれています。

もう一つの国ブルガリアでは、いわゆる人身売買という名のキリングフィールドで忠実に働いている数カ国のカウンセラーに話をしました。首都のソフィアを訪れ、この美しい国の歴史を学びました。ガイドによると、第二次大戦が始まったとき、ブルガリアは中立を宣言しました。1941年、反セム主義法がドイツによってブルガリアに強制執行されました。人々は抗議しましたが、1943年、ブルガリア人でないすべてのユダヤ人をトレブリンカ絶滅収容所に移送するよう命令されました。文字通りキリングフィールドです。高位にある何人かが移送をやめるよう政府に圧力をかけ、専制君主はそうしました。三度目にナチが要求をしたとき、ユダヤ人は強制収容所に向かう列車に乗せられました。何人かの権力者、軍の司令官・議員・その他が線路上に立ちはだかり、「もしユダヤ人を移送するなら、その前に私たちを殺せ」と言ったのです。ドイツ人は彼らを解放しました。そこでは、エリー・ヴィーゼルの父親の言った「人類は私たちのことを気にとめていないのだよ。」[2]ということばが間違っていることが証明されました。例外があったのです。ブルガリアは、イスラエルの世界ホロコースト記念センター、ヤド・ヴァシェムで正義を体現する国の一つとして認められています。2013年にブルガリアは、悪の権力に屈することを拒んで五万人近い人命を救ったことの七十周年を祝いました。彼らはその式を「引き渡されなかった人々の式典《セレモニーオブザアンギブン》」と呼びました。私たちは、虐待の犠牲者・弱い人々を主のからだの「引き渡されなかった人々《ザアンギブン》」と考えるべきではないでしょうか。

古代のイスラエルの祭司たちは、偶発的な殺人を犯した人々のために六つの逃れの町を定めました。それは人を殺してしまった人の避けどころとなりました。私たちの教会は、ことさらに虐待された被害者の避けどころであるべきではないでしょうか。子どもも大人も、避けどころであるべきところで虐待されるとはどういうことでしょう。虐待を知ったときに隠すとはどういうわけなのでしょう。神は見ておられないとでも思うのでしょうか。

神の前に立つとき私たちは皆、十字架というキリングツリーの故に引き渡されなかった人々《ザアンギブン》として立ちます。イエスは敵に向かって、「彼らを連れて行くなら、まず私を殺せ」と言われたのです。私たちも同じようにすべきではないでしょうか。虐待加害者を守るとは一体どういうことでしょう。彼らは必ず加害行為を繰り返します。その執拗な自己欺瞞を考えると大いにありえることです。神の聖所の秩序を乱すからと虐待被害者を排除するとはどういうことでしょう。引き渡されなかった人々は、権力・組織・目にみえる王国にはいません。彼らは弱く搾取された者です。私たちはこれを取り違えているのではないでしょうか。私たちが「神の働きのために」犠牲者を簡単に見捨てて、指導者・よく知る人・権力者を大切に守ります。

キリングフィールドとそこに眠る人たち、私たちがそこに置き去りにした人たちを見ることができますように。神のキリングツリーの光の中に立ち、キリストの流された血のゆえに、私たちも渡されなかった人々に属することを知ることができますように。私たちが、尊いたましいを虐げるという間違いを犯したことを認めるへりくだった心を持てますように。私たちは、自分のしたこと、しなかったこと、また恥ずべき沈黙によって加害者になりました。私たちが、羊のなりをした狼に傷つけられた子羊を探し出し、私たちの主のように二度と被害にあわない安全な逃れ場に導くことができますように。

そして最後に、神の民の中にあるこの罪と暗闇と失敗と困難の時代に、同じような事態に直面したダニエルとともにこう祈れますように。

「ああ、私の主、大いなる恐るべき神。あなたを愛し、あなたの命令を守る者には、契約を守って恵みを下さる方。私たちは罪ある者で不義をなし、悪を行なって逆らい、あなたの命令と定めから外れました。…主よ。義はあなたにありますが、顔をおおう恥は私たちにあります。…私たちはあなたに対して罪を犯してきました。…しかし今、私たちの神、主よ。ご自分の民を力強い御手をもってキリングフィールドから導き出し、…今、あなたのしもべの祈りと願いを聞き入れ、…あなたの荒れ果てた聖所に御顔の光を照り輝かせてください。…耳を傾けて聞いてください。目を開いて私たちの荒れすさんだ様と、あなたの名がつけられている都をご覧ください。……主よ、聞いてください。主よ、お赦しください。主よ、心に留めて事を行なってください。私の神よ、あなたご自身のために、遅らせないでください。あなたの教会と民には、あなたの名がつけられているのですから。」（ダニエル９章４―19節）

私たち教会が、主に似た者として悪を暴き弱い者を守るために委ねられた権威を用いる者になりますように。私たちが、主とともに、主の御名で引き渡されなかった人々の式典《セレモニー オヴ ザ アンギヴン》を祝う者となりますように。

1. エリ・ヴィーゼル　村上光彦訳『夜・夜明け・昼』 みすず書房　1984年　61頁
2. 同上。

謝辞

私たちはみな、他のだれとも違っている。ゆえにだれもが知らない何かを知っている。……光の王国の一員、その受け継いだものの相続者として、自らの分を差し出すのはすべての人の責任である。

ジョージ・マクドナルド[1]

どんな本も一人で書けるものではありません。本書も世界中の、また身近な多くの人々とともに編まれました。みながその分を分け合ってくださったので、今それを私から読者にお渡しします。ねじ曲った権威のもとでことばにならない苦しみを受けた方々には大きな恩義があります。勇気を振り絞って、何も知らない私を教えてくれ、光栄なことに信頼してくれた人々です。おかげで私は、真理をより明らかに知り、愛をより深く理解できるようになりました。

本書の執筆を発案されたのは、ブラゾス出版社の編集者ケイトリン・ビーティ氏で、彼女には感謝しています。ブラゾス社社員は注意深く編集作業・創造的マーケティングを行い、また献身的に働いてくださいました。

私の事務所の協力者たちも忠実に仕事をしてくれました。ともに執筆作業という作業の中で、乱用された権威の邪悪さを目撃し、主への愛を確かめ合いました。主は御力により私たちをご自身に近づけてくださいました。バーバラ・シェイファー、フィル・モンロー、ベヴァリー・インゲルス、そしてキャロル・キング氏らは、初期の草稿を読んで多くの意見をくださり、シーラ・ステイリー、カイル・ハワード氏らは、アフリカ系アメリカ人の視点を加えてくださいました。

事務長のベサニー・タイソンと秘書のデーラ・ベッカー氏は、オフィスを効率的かつ公正に運営してくれます。私のスケジュールが立て込む時にもいやな顔一つせずに調整してくれました。

エヴァンジェリン・シェイ氏は、引用先の確認作業に当たってくださいました。

カレン・ウィルソン氏は友人で、「ことばの人」であり、キリストを愛する人です。持てる賜物を豊かに注いでくれたおかげで本書は読みやすくなりました。

夫ロンは、いつものようにこの企画が進んでいる間、家庭生活が遅滞なく進むように協力してくれました。私の人生のあらゆる場面で揺らぐことのない存在です。

最後に、天の御座に座り、すべての権威を持っておられる子羊に、すべての栄光がありますように。その民がますます鮮やかにこの子羊を仰ぎ見、さらに真実な礼拝をささげる者となりますように。

1 George MacDonald, *Unspoken Sermon Series III: The Inheritance* (London: Longmans, Green & Co., 1889), 613–14.

著者について

ダイアン・ラングバーグ（テンプル大学・博士）は、50年以上の臨床経験を持つ国際的に認められた心理学者、カウンセラー。虐待とトラウマについて世界各地で講演活動に従事。ペンシルバニア州ジェンキンズタウンにてカウンセリング・クリニックを経営。フィラデルフィアのミシオ神学校でグローバル・トラウマ・リカバリー研究所を共同設立。グレース（キリスト教界における虐待対応センター　ボズ・チビジャン理事長）の理事。アメリカ聖書協会のトラウマ顧問委員会の副委員長。著書に、

Counseling Survivors of Sexual Abuse, *On the Threshold of Hope*, *Suffering & the Heart of God: How Trauma Destroys and Christ Restores* などがある。

著者のウェブサイトは以下の通り。　https://www.dianelangberg.com/

訳者のあとがき

本書は、Diane Langberg, *Redeeming Power: Understanding Authority and Abuse in the Church* (Brazos Press, 2020) の全訳です。

悲しいことに、アメリカを始めとして全世界のカトリック・プロテスタントキリスト教界において、権力乱用と性的虐待が次々に判明しています。子どもや女性への性的虐待が認知されていなかった時代にカウンセラーとして被害者の話を耳にするようになった著者は、同時に退役兵士からも様々な症状を聞き始め、両者に似たような現象があることに気づきました。

訳者は、教会内の指導者による性的虐待問題についてインタビューを受けているラングバーグ氏の話をネット上で耳にし、同氏がこの問題のパイオニアであり世界的権威であることを遅まきながら知り、いくつかの著書を読み、その中で日本の教会にも紹介する価値があると思われる本書の翻訳を思い立ちました。

日本では各界著名人のパワハラ・セクハラが表面化しつつあり、キリスト教会内でも同じような加害が明らかにされています。しかし、この問題を聖書を神のことばと信じる立場からどのように考えどのように解決を計るべきなのか、途方に暮れる人は多いのではないでしょうか。本書は一つの手がかりになるでしょう。権威と欺きと虐待の三つはからみあっていること、またすべての権威は神からの借りものであることなど、目を開かれることが多くありました。

著者は、心理学者としての知識経験が豊富なだけでなく信仰生活も長く、聖書知識も豊かです。世界の大量虐殺現場をいくつも訪れ、生存者の回復のために労し、そこで見聞したことや連想したことが本書の主張に説得力を加えています。

聖句は、主に新改訳聖書2017版を用いましたが、著者の主張が浮かび上がるように付加もしくは言い換えられた部分も多くあります。訳語について説明が必要なものは同ページ欄外に付けました。読者諸賢の更なるご教示を待つ次第です。引用元の原書で邦訳が出ているものは、努めてその訳文を取り入れ、各章末に明示しました。

末筆ですが、出版の労を取られた株式会社ヨベル社の安田正人社主のお導きとお励まし、ご多忙な中で校正作業を引き受けてくださった畏友飯吉《いいよし》規邦《のりくに》さんの労にも感謝しています。

著者略歴：

ダイアン・ラングバーグ (Diane Langberg Ph. D.)

心理学者・カウンセラー。テンプル大学博士号。ペンシルバニア州ジェンキンズタウンにてカウンセリング・クリニックを設立。フィラデルフィアにグローバル・トラウマ・リカバリー研究所を共同設立し後進の指導に当たる。アメリカ聖書協会のトラウマ顧問委員会の副委員長。

訳者略歴：

前島常郎（まえじま・つねお）

東京外国語大学スペイン語科卒（1976 年)、聖書神学舎卒（1979 年）ゴードン・コンウェル神学校聖書神学修士（1992 年）トリニティー神学校牧会カウンセリング神学修士 (1994 年)。ハイ・ビー・エー（スタッフ)、草加福音自由教会（副牧師)、ファミリー・フォーラム・ジャパン（翻訳・編集）に勤務。現在ナインの会（クリスチャン自死遺族のコミュニティ）世話人。

パワハラ・セクハラとキリスト教会 ── 権威とその乱用

2024 年 10 月 25 日　初版発行

著者 ──ダイアン・ラングバーグ

訳　者── 前島常郎

発行者 ── 安田正人

発行所 ──　株式会社ヨベル　YOBEL, Inc.

〒113-0033　東京都文京区本郷 4−1−1　菊花ビル５F

TEL03-3818-4851　FAX03-3818-4858

e-mail: info@yobel.co.jp

装丁者 ── ロゴスデザイン：長尾優

印刷所 ── 中央精版印刷株式会社

配給元ー日本キリスト教書籍販売株式会社（日キ販）

〒112-0014　東京都文京区関口 1-44-4　宗屋関口ビル

TEL03-3260-5670　FAX03-3260-5637

ISBN978-4-911054-40-6 C0016

聖書は、新改訳聖書 2017（新日本聖書刊行会発行）を使用しています。